JUSTICE RIGHTS

法律启迪智慧 1

地中海沿岸国家卷

余定宇 著

法律出版社
LAW PRESS · CHINA
北京

图书在版编目(CIP)数据

法律启迪智慧 . 1, 地中海沿岸国家卷 / 余定宇著
. -- 北京 : 法律出版社 , 2023
ISBN 978-7-5197-8045-6

Ⅰ.①法… Ⅱ.①余… Ⅲ.①法律—地中海区—青少年读物 Ⅳ.① D9-49

中国国家版本馆 CIP 数据核字(2023)第 122202 号

法律启迪智慧 1: 地中海沿岸国家卷
FALÜ QIDI ZHIHUI 1 :
DIZHONGHAI YAN'AN GUOJIA JUAN

余定宇 著

责任编辑 张心萌
装帧设计 鲍龙卉

出版发行 法律出版社
编辑统筹 学术·对外出版分社
责任校对 裴 黎
责任印制 陶 松
经　　销 新华书店

开本 A5
印张 4.125　**字数** 73 千
版本 2023 年 9 月第 1 版
印次 2023 年 9 月第 1 次印刷
印刷 三河市龙大印装有限公司

地址: 北京市丰台区莲花池西里 7 号(100073)
网址: www.lawpress.com.cn
投稿邮箱: info@lawpress.com.cn
举报盗版邮箱: jbwq@lawpress.com.cn
销售电话: 010-83938349
客服电话: 010-83938350
咨询电话: 010-63939796

书号: ISBN 978-7-5197-8045-6　**定价**: 39.00 元
凡购买本社图书, 如有印装错误, 我社负责退换。电话: 010-83938349

目录

contents

古罗马废墟——法律的沉埋

Justice

导言：法律的内幕

本书的作用，是希望在普通公民的阅读范围内，最终为法学赢得一席之地。它将能引导起公众对法学的一种兴趣，而这种兴趣，最终，则必将会转化为我们社会走向法治的一种智慧。

——作者

在远古，回望地球，人类的祖先，还只是一群奇异而多毛的怪物。他们日日艰难地、困苦地，然而又总是人人自由地、平等地，游荡在同一片天空下。

经历过几百万年的艰难进化岁月，在极端严酷的生存竞争之中，这些昔日的野蛮人，一直在不停地挣扎着学做“人”。一代又一代，他们除始终坚持了那种“自由平等”的天性外，同时，也渐渐地学到了“公平”“正义”这两个社会和谐的最高准则。于是，年复一年，日复一日，在这些早期的人类中间，其实，就已经创造出了一种我们今日称之为“法律”的东西。

问世间，法是何物？法其实是一种“公平正义的行为习惯”。原始人在漫长的共同生活、共同进化的过程中，无可避免地产生出了许多诸如爱心、同情、诚实、公平以及权利、义务、秩序、正义等情感品质和风俗习惯。这些人类所特有的最可宝贵的情感习惯，无论在过去、现在或者将来，都是一切人群普遍尊崇的行为准则，都是人类大厦一些最永恒的支柱。正是缘于这种高尚的情感习惯，这群半人半兽似的怪物，才能有效地维持社会的和平与秩序，保障族群的进化与繁衍，从而，令一切文化科学乃至法学的进步，得以绵绵而生。亦正由此，这些原始人类的后代，才得以大步跨出荆棘丛生的丛林，渐渐地，所向披靡地发展成这个星球上最成功的一群。

但不幸，在人类这些高贵的好习惯不断发展的同时，另一些截然相反的坏习惯，例如，恃强凌弱、统治他人，掠夺他人、奴役他人，把自己的意志强加于他人等不良欲望，也相伴而生。5000 年前，亦即在人类开始进入阶级斗争、阶级压迫时代的时候，这些仅对少数人有利的坏习惯，被一小撮统治者们用法典的形式，以及监牢、铁链、皮鞭和大刀，强加给了全体的民众。从这时候起，法律的殿堂便开始蒙污。

5000 年来，在阶级社会里，人类的法律与人类的历史一样，都变成了一种文明与野蛮、“好习惯”与“坏习惯”并存的奇怪混合物。但“公平正义”消失了吗？没有。推开一道道神秘的法律之门，我们可以清楚地看到：一部漫长的世界法律史，其实，便正是一部“好习惯”与“坏习惯”的漫长战争史，也是一部“天理人权”与“统治阶级意志”的激烈抗争史。无可否认，法律的这种二重性一直延续到今天，而这场残酷的战争也一直持续到今天。但今日，历经 50 个世纪的艰难血战，回首前尘往事，我们终于可以欣喜地发现："公平正义"的理想之光，已重新照亮了许多国家的法律殿堂。而那些违反"公平正义"、践踏"自由平等"的"坏法律"和司法"坏习惯"，亦正开始在全球的范围内渐渐败退。

再问世间，法是何物，直教人生死相许？法，其实便是"自然天理"，法，就是"自由平等"。法起源于人类的"行为习惯"，而法的本质就是"公平正义"。所以，一切法律的故事，其实，便都应是关于"公平正义"的故事，而不应是关于刑罚镇压、铁窗与镣铐的故事；都应该是人类"自由平等"的故事，而不应是人类的专制与压迫的故事。5000年来，对"自由平等"和"公平正义"的热切追求，已成了全人类最共同的梦想，而那些世界各国世代流传的所罗门、包青天、安提戈涅、苏格拉底等人为追寻正义而不屈不挠的经典法律故事，那些公平正义如何终于在最后取得了胜利的无数个精彩法律故事，无形中，便已成为一座座记录着人类前进足迹的里程碑。

有一位法学家曾经说过："法律的目的不是要废除或限制人民的自由，而是要保护和扩大人民的自由。"有一位法学家也曾经讲过："法律是人类最伟大的发明。别的发明让人类学会驾驭自然，而法律的发明，则令人类学会如何驾驭自己。"

今时今日，全世界的法治潮流，已化作了一阵阵拍岸的涛声。而中国人，在经历了整整一个世纪漫长而又痛苦的摸索之后，也终于又一次历史性地站到了一个法治时代的大门口。我们再也不能犹豫观望、左右徘徊了——中国的法律现代化进程要加速进步，中国的法制要与国际先进潮流接轨，这既是100多年来中国无数志士仁人为之苦苦求索、奋斗的一个强国梦，在今天，亦已经成了一个无可阻挡的历史趋势。当此时候，我们不妨再一次走出国门，再一次去睁开眼睛看世界，去到那天之涯、海之角，去追寻一下世界各国的法律故事，去探索一下人类古今的法治精神。

有人说，法学是一个大迷宫。但其实，法学是对人类灵魂的一种指引。只要你肯用心去看，肯用心去听，并懂得不时从这个迷宫里抬起头来，仰望一下星空，那么，你便会发现："自由平等"和"公平正义"的法学理想，是怎样恒久地照耀着人类历史的过去，而同样，它们亦会怎样恒久地照亮——我们这个伟大民族的将来。

楔子：神秘的足迹

370 万年前，非洲东部，坦桑尼亚境内，那座山顶终年积雪的乞力马扎罗山上，发生了一次猛烈的火山爆发。炽热的火山熔岩从四面八方奔涌而下，无情地摧毁了百里之内的一切事物和生命——包括山川、河流、森林、湖泊，还有，一切栖息在这里的飞禽走兽。今时今日，这座巨大的史前火山群遗址，已变成了塞伦盖蒂国家公园的一部分，公园里，厚厚的火山灰岩层下，大量埋藏着的动植物化石，至今仍在无声地记录着那一场远古的浩劫。

1976 年，一支考古队在此地的一个湖边，发现了一行神秘的足迹——人的足迹。那些足迹的化石，历经 370 万年的风风雨雨，至今仍完好地保留在火山脚下那一片火山灰岩层上。据考察，脚印是由三个直立行走的原始人所留下的——一男一女、一个小孩。三种大小不同的足印，由南向北，长约 50 米，渐行渐远，然后在湖边消失。从足印的长度来推算，男的身高最多只有 140 厘米，女的只有 120 厘米，比现代人的身高要矮得多。

足迹震惊了世界。如果这些足迹真的是人的脚印的话，那么，人类历史的起源，就将无可争辩地往前整整推进了 200 万年！

这些神秘的足印也引发了人们无穷的遐想：在那场遥远的浩劫后，非洲的天幕下，为何会出现了三个半人半兽似的小矮人的身影？他们或许是此地的匆匆过客？又或许是那场灾劫的唯一幸存者？总之，在一缕缕劫后的余烟和那一派史前的死寂之中，他们确曾在此地徘徊过。或许，他们曾悲哀地对望过一眼，然后，无可选择地黯然离去，艰难、迷茫地重新踏上了他们的命运旅途。而在他们的身后，那厚厚的火山灰泥泞上，无意中，便留下了一行深深的足印。

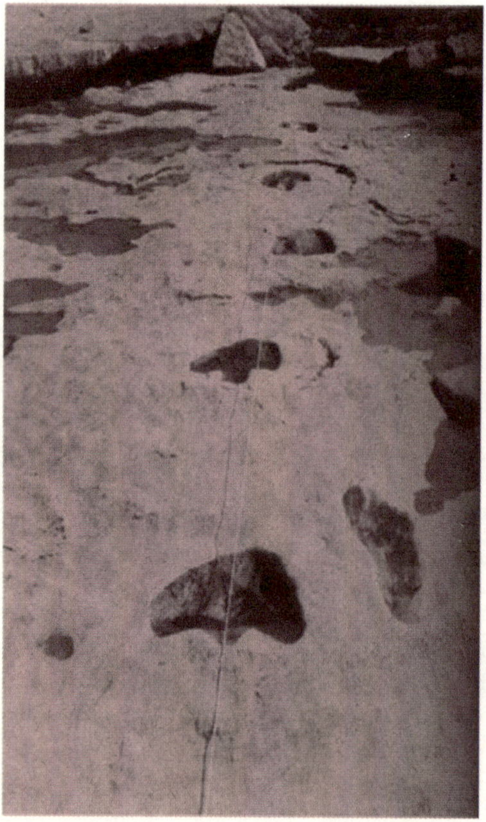

考古发现的远古人类脚印和不知名的动物脚印。

他们从何处来？又要往何处去？夕阳西下，满目疮痍，在那一片万古的蛮荒里，这一家三口的结局又将会是如何？这一切的一切，现代人都是无法知晓的了。但人们所能知道的是：早在 370 万年前，人类的历史便已经开端。而在非洲的一片荒野地上，有三个小矮人，曾留下过一行地球上最伟大的脚印。

有了人，就开始有了人类的历史，就会慢慢地开始有人类法律的故事。所以，我们的世界法律之旅，第一站，便打算从非洲开始。

Justice

地中海沿岸

——法律的足印

在远古，在地中海沿岸，在欧亚非三洲的交汇处，人类早期文明的足迹绵绵不绝。从古埃及、古巴比伦的神秘文字，到耶路撒冷、古希腊的断墙残壁，有许多古代法律的故事，在荒草斜阳中隐隐地展开……

Justice

尼罗河传说：小矮人的“权利”

人类的足迹最早从非洲开始。而法律的足迹，则可能最早自尼罗河畔一片野生的香蕉林开始……

在非洲中部，布隆迪南面的一座荒山上，默默地流淌着一条涓细的小河。谁能想得到，这条不起眼的小山溪，竟然会是那条汹涌澎湃、一泻万里的世界第一长河——尼罗河的起源？

在尼罗河源头的附近，是一片全未开发、遗世独立的万古洪荒。这里的野草竟有二三米高，原始森林里，巨木撑天，青藤蔽日，大象、犀牛、狮子、羚羊、河马和斑马自由自在地游荡，百花争艳，百鸟婉鸣，那种伊甸园般的景象，令所有到访者目醉神迷。

此地的丛林里，至今仍居住着一个叫“俾格米”族的奇特小矮人部落。男的身高在130厘米、女的身高仅110厘米左右。自古以来，他们就世世代代居住在这个世外桃源里，以狩猎捕鱼为生，从不知道有金字塔和埃及艳后，更不知道有东欧巨变、“9·11”和拉登。

但很奇怪，这些与世隔绝的小矮人们，却知道现代世界很流行的一样东西，那就是——“权利”。

19世纪英国探险家在非洲苏丹见到的俾格米人（前排那些矮个头的成年人）和非洲土著人（后排高个子成年人）。

我们的世界法律之旅，第一站，就远涉千山万水，来到了非洲腹地的布隆迪荒山里、尼罗河源头的纪念碑旁。20 世纪之初，德国的人类学家谢贝斯塔在来东非大裂谷探险时，就曾经在此地遭遇过一段十分有趣的经历：某日，他们一行人在此地附近的河谷里跋涉了大半天，又渴又累之际，眼前却神话般地出现了一片挂满金黄色果实的香蕉林。正当他们兴高采烈地想饱餐一顿之时，突然，有一个尼格罗人（非洲黑人）冲了出来，愤怒地对他们大叫大嚷。经向导翻译，原来，这黑人叫嚷的始终都是同一句话，那就是——“只有俾格米人才有权利从这里摘香蕉！”

据说，在这片与世隔绝、万古蛮荒的原始丛林里，突然听到“权利”二字这样充满现代意味的法律话语，当时，确曾令这一班

绘画：尼罗河风光，德国画家Werner Carl-Friedrich（1808-1894）创作。

西方人吓了一大跳。他们连忙道歉并作出赔偿，之后，又十分好奇地向主人提出了一个问题：为什么只有俾格米人才有摘香蕉的“权利”？

于是，从那个尼格罗人的口里，他们听到了一个神奇的传说。

很古很古的时候，一个俾格米人在森林中游荡，同行的还有一个尼格罗人。有一天，他们来到黑猩猩的村庄里，在那儿，他们生平第一次见到了一片香蕉林，林子里，到处结满了金黄色的香蕉。起初，他们以为这果实有毒，不敢吃。然而，聪明的尼格罗人却怂恿俾格米人去尝尝它的味道如何。所以，勇敢的俾格米人便吃了一些，觉得味道是可口的。尽管这样，尼格罗人还是不敢吃。到黄昏睡觉时，多疑的尼格罗人相信他的同伴夜间必将中毒而死。

次晨他看到俾格米人还活着，非常惊讶，这时候，他才敢壮着胆子去吃这种新的水果。尝了一口，他便发觉味道很好。于是，两人都想把香蕉在他们家的附近种植起来。俾格米人拿了一些果实，而聪明的尼格罗人则拿了一些嫩芽，两人回家了。矮小的俾格米人把果实埋在田野里，徒劳地等待着香蕉的成长，但香蕉烂在土壤中了。几个月后，当他来到尼罗河畔访问尼格罗人的村庄时，却突然发现了一片美丽的香蕉林，他大为惊奇。最后，俾格米人向尼格罗人叹了一口气，说："看来，自己不是一个好的种植者，继续从事狩猎打鱼可能要好得多。"他鼓励尼格罗人继续种香蕉，并说他有时要进来取一份。尼格罗人不解地问为什么？俾格米人理直气壮地回答："因为俾格米人是这种水果的发现者！而尼格罗人只是从他们那里才学会了吃这种水果的。"

自那时起，世代相传，全非洲的尼格罗人都知道了这项小矮人的"发现权"——俾格米人有权，在所有尼格罗人的种植园中摘香蕉！

这个黑人的故事讲完了，而那班探险家们却感慨万分。众所周知，正如细胞是人身体最基本的结构一样，"权利"这东西，是一切法律里面最基本的元素，也是现代一切法律与法学的基础。一直以来，中国的法学教科书里都盛行着一种传统的观念："法"起源于"刑"，而"刑"起源于"兵"——起源于战争、起源于对敌人或战俘的惩罚镇压。但是，当今世界，许多法学家却逐渐认同了这样的一个观点，即法律的起源，可能是从人类的"本能"和"权

绘画：印第安人分配打到的猎物，美国画家John Mix Stanley（1814-1872），原作收藏于美国辛辛那提艺术博物馆（Cincinnati Art Museum）。

利”开始，而并非从“统治阶级的意志”而开始的。不过，猜想归猜想。千百年来，在非洲，在这片人类生命最古老的发源地上，人们曾费尽心力，都很难找得到一片纸、一块碑、一座陵墓或一段铭文，有记录过古代法律活动的痕迹。然而当日，真是“踏破铁鞋无觅处，得来全不费工夫”。一群欧洲大陆的探险家们，竟然在尼罗河畔那漫山遍野的香蕉林里，发现了人类法律最原始的足迹——“权利”的足迹。从而，证实了法学家们这一个伟大的猜想。

或许，那些生活在中非密林里的俾格米族小矮人，就正是当年在乞力马扎罗火山脚下留下过足迹的那三个小矮人的后代？或许，在这个貌似愚昧落后的民族的脑袋里，正潜藏着一种伟大的法学天赋？这一切，都还有待科学家、法学家们的考证。但人们可以证实的是，非洲这片荒蛮的土地，并不是什么“法律的沙漠”。在最早诞生了人类的这片沃土上，其实，自古以来，就一直有人类法律的萌芽在生长。

无独有偶，在中国贵州的一个少数民族之中，至今也保存着一种与非洲“小矮人的权利”几乎一模一样的传统习俗。原来，仡佬族是中国西南群山中一个非常古老的民族，而仡佬人，则是贵州的茫茫群山之中最早一批的原住民。有一首世代相传的民谣是这样唱的：“仡佬仡佬，开荒辟草”，十分传神地描述了贵州远古那一段荒蛮的丛林岁月，并生动地点出了仡佬族祖先对这片土地众所公认的“先占权”。因此，作为这片土地的主人，作为这种“主权”或“开发权”的体现，每年秋天，每逢农作物成熟的季节，仡佬人就会举办一场盛大的“吃新节”：节日期间，全体的仡佬人都会“倾巢而出”，到附近各个村庄其他各个民族的田地里，去采摘一大批最好的玉米、蔬果，来献祭给自己的祖先。而对这种传统的惯例，贵州各族的山民们是见惯不怪，他们从无怨言、绝不恼怒，只是心平气和地把它视为仡佬人一种理所当然的权利。这一个事实是很耐人寻味的，那就是：中国的贵州和古老的非洲，虽然相隔遥远，但这两种习俗却是如此地相似，而这两地山民们的“权利观念”，却也是如此惊人地如出一辙。此情此景，百思之下，便真的不能不令人发出一声深深的感慨:“天涯何处无芳草!”

有足够的证据表明:人类的法律并非是阶级斗争时代的产物。早在人类还处于丛林社会的时候,“权利”和“法律”的观念,就早已深深地扎根在世界各地的原始人头脑中了——据说,一个北美的印第安人假如在雪地上看到一头带箭的鹿,他不会把它扛回家去据为己有,而是会默默地守候在原地几小时甚至几天,等猎人返回后,再按习惯,平等地分享到他应得到的一份鹿肉。而又据说,一直到今天,澳洲的土著居民仍像非洲的黑人和贵州的山民们一样,懂得尊重别人的“发明权”、“发现权”或“知识产权”。如果他们觉得某一个部落表演的歌舞、面具、头饰很好看,而他们又很想在自己的表演中加以模仿的话,那么他们就会给该部落送去几十头猪和一大批谷果,请求该部落允许他们使用这些“著作权”。因破坏这些习俗规则而侵犯了别人“权利”的人,将会遭到严厉的惩罚——通常是部落把这些“犯罪”分子交出去,任由对方处置。印第安人可能会被猎人一箭射穿心窝,而澳洲土著则会被对方用长矛或“飞去来”刺入腿骨。

这就是原始人的“权利”,这就是原始人的“法律”。

从全球各地原始人关于“权利”的故事里,我们已清晰地看到了现代世界各国关于宪法、物权和版权法的先声。而现代法学的第一要义便是保障和发展“公民的权利”,所以,尼罗河畔这一片野生的香蕉林以及香蕉林背后那一个遥远的传说,今时今日,仍时时令许多没有到过非洲的法学家们心驰神往。

法学链接

现代世界，许多法学家都倾向于赞同这样的一种观点，即认为：法律的起源，是源自人类生活的本能。作为一个动物性的人，原始人的本能就是饮食男女、抚育后代。而他在日常生活中看见别人怎样做，他的本能就是想“我也有同样的权利像他们那样去做”。所以，早在人类的丛林时代，当那些貌似蒙昧的原始人为争夺食物、争夺配偶而发生打斗冲突的时候，为了维护社会秩序的安定团结，一种确定各个人的“权利”和“义务”而且符合“公平、正确”的做法，就会在人群中得以产生。久而久之，这些做法会演变成惯例、习俗，又慢慢演变成人们普遍遵从的行为准则，这样，“权利”和“正义”这两根人类大厦最重要的支柱便终于形成，而整个人类社会的秩序、法律就由此而产生。

金字塔遥响：农夫的“正义”演讲

这一节，我们的法律之旅，将从荒凉的尼罗河源头折返，然后，沿着这一条湍急的大河顺流而下，去到地中海的海边，去到埃及的首都开罗，继续寻找非洲古代法律的足印。

尼罗河，人类生命的摇篮，也是人类法律最早的摇篮。

这条世界第一的长河，像一条巨蟒一样，从非洲中部荒无人烟的热带雨林里曲折蜿蜒地缓慢爬出，然后，从一个又一个的悬崖高地上急泻而下，奔腾北去。一路上，它融汇了许多条支流，穿越过无边无际的原始森林、热带草原、峻岭峡谷和茫茫沙漠，流经了布隆迪、卢旺达、乌干达、坦桑尼亚、刚果（金）、肯尼亚、埃塞俄比亚、苏丹和埃及 9 个国家，全程 6600 多公里，浩浩荡荡，流入地中海。在非洲大陆的最北端，在海与陆的交汇处，这条冲破无数艰难险阻的大河终于徐徐地吁了一口气，在此地低回顾盼，左右徘徊，冲刷出一片巨大而肥沃的三角形滩地。于是，就在这富饶美丽的尼罗河三角洲上，5500 年前，便崛起了世界历史上的第一个粮仓，也孕育出了人类历史上的第一个文明古国——埃及。

提起古埃及，人们都知道：那里有巨大的金字塔，有神秘的狮身人面像，有许多许多神秘的传说，还有许多许多神秘的——木乃伊。但很少有人知道，在3000年前或者5000年前，有一个普通的农夫，曾在金字塔下，留下了一篇关于"法律正义"的伟大演讲。

讲到法律，我们先把农夫的故事暂时放到一旁，来考察一个极简单的问题，即法律是什么？法的本质是什么？看起来，这个问题虽然极简单，但如果你拿这个问题去问全世界的法学家们，那么，估计十个法学家之中，便可能会给你八九种不同的说法。

人民比较喜欢的一种说法是："法即是公平、正义"。这一点，在古今中外不同肤色、不同信仰、不同语言、不同文化背景的人群之中，都是一种长久而热烈的期盼。而世界史上，第一次表达了这种人类普遍心声的人，据我所知却不是什么法学家，而是一个普通的农夫。这个普普通通的古埃及农夫，虽然直至今天我们也不知道他姓甚名谁，不知道他生活在哪一个朝代，但他所留下的极可能是人类历史上第一次关于"法律正义"的演讲，其声音，穿越了数千年的时空，仿佛至今还回响在尼罗河畔的金字塔下。

据说，农夫的演讲词是记录在一幅古埃及的纸草上的。纸莎草是尼罗河下游特有的一种植物，其形状酷肖一棵巨大的绿色蒲公英。古埃及人将它的茎心切片、浸泡，再像织草席一样纵横交错地连结在一起，压平，就制成了一幅纸草，可用来书写文字。可以说，纸草是古埃及文明的一个象征。现今英语"纸"（paper）的一词，就源出于"纸草"（papyrus）这一名称。而20世纪，许多考

绘画：古埃及菲莱岛上的伊希斯女神神庙的内景（Temple of Isis on the Island of Philae），无名画家绘画于1838年。伊希斯是古埃及的主神之一，也是最原始的女神，深受古埃及人民的崇拜。

古学家在埃及的金字塔和法老们的陵寝里，除发现了许多稀世的珍宝之外，还发现了大量的、写满了文学故事的纸草。这些珍贵的文物，一部分流入了英国的大英博物馆；而另一些，则珍藏在埃及的国家博物馆里。据学者们考察，其中的一篇文学故事里，给我们留下了一个可能是世界史上第一例的“民告官”的案例，一个用法律的正义去惩治贪官污吏的精彩故事。

在那遥远的古代，一位农民赶着几头驮满物品的驴从绿洲中来，半路上，他遭到一个税务官吏的勒索和抢劫。他向高一级的官吏报了案，并要求得到公正的对待，最后，他被带到了法老的面前。

法老对这宗小小的行政诉讼案本极不耐烦，但他对这位农民的口才印象很深刻，于是便延长了案件聆讯的过程，于是，他有幸听到了这位农民关于“正义的标准”的 9 篇不同的演讲。9 篇冗长的讲词在此就不赘述了，总之，在痛斥了一番贪官污吏的腐败，高扬了一番“法就是公平正义”，不“依法治国”便将亡国等大道理之后，聪明的农夫没有忘记给国王一个台阶，因为非洲有一句古老的民谚说：“当财主老爷经过时，聪明的农夫会深深地鞠躬、暗暗地放屁。”他演讲的最后陈词如下：“伟大的法老王呵，你是孤儿之父，亡妇之夫，弃女之兄，丧母者之围裙。在这片土地上，您的名声高于一切公正的法律，您是慷慨的领袖，高尚的伟人，您明察秋毫，戳穿一切谎言，您就是正确。”农夫越赞扬越起劲：“您是天之舵、地之柱，您就是测量用的尺！舵永远正确，柱从不崩溃，测量之尺绝不犯错……”农夫聪明地用尽一切恭维的词语，去向法老表达一个“法即公平和正义”的法学真谛。他当然能赢，因为即使是一个黑社会的龙头大哥，也会喜欢别人赞扬自己“公正”的形象。最后，这位聪明的农夫终于打赢了这场官司，财物退还了给他，官吏则遭到了惩罚。

位于开罗解放广场的埃及博物馆。埃及博物馆是全国最重要、最大的一家博物馆，也是世界上收藏法老遗物最多的博物馆。

法律应该是公正的，法律应该是“公平”与“正义”，而不是统治者和执法的官员们可以随心所欲的胡作非为。这一点，在古埃及，从农夫到国王都深信不疑。

现在，我们终于来到了车水马龙的开罗。我们所站立的地方，就是开罗市中心最大的广场之一——解放广场，而埃及的国家博物馆就坐落在广场的另一侧。走近这座由一尊复制的狮身人面像守护着的世界著名博物馆，只见一座古老而巨大的石头殿堂在地中海的阳光下熠熠生辉。馆前空地上种满了两种古埃及文明的象征性植物——一种是莲叶，象征着古代的上埃及文化，另一种则是纸莎草，象征着下埃及王国的文明。走进博物馆一楼的大厅里，只见无数巨大的雕像和壁画布满大厅四周。而二楼展厅则陈列着各种从历代法老陵墓里出土的工艺品、兵器、陪葬物、珠宝首饰、纸草书画及木乃伊。我们在陈列着纸草书画的展柜前徜徉了许久，却始终都找不到那一幅农夫的演讲词。博物馆的工作人员告诉我们，博物馆里珍藏着各类出土文物共 30 多万件，而因场地限制，平时展出的最多只有 6 万件，还有大量珍贵的藏品无法让游客们看到，这的确是一件很遗憾的事。但记录着农夫关于“正义”演讲的那篇作品他们都知道，那幅纸草，至今仍珍藏在这个博物馆的某个地下室里，给非洲古代的法律文化和文明留下了一个伟大的足迹。

当我们走出这座博物馆的时候，在非洲的阳光下，惆怅的心情很快便开朗起来。虽然，我们未能亲睹这篇农夫的演讲词，但我们却确实地知道：它就在这里。那种路遇不平，挺身而起，通过司法的途径去对问题寻求一个公平正义的解决方式的法治精神，从 5000 年前起至今，便一直不屈不挠地潜藏在这里。仅就其对人类文明影响的重要性而言，金字塔——那堆看起来很宏伟的石头，那幅看起来很美的风景，恕我直言，相比之下，那根本就算不了什么。

大地在我们的脚下，而世界法律的故事正无穷无尽地在我们面前展开。下一节，我们将走出非洲，去到地中海东岸的另一个文明古国——巴比伦。在那里，我们的世界法律之旅才真正开始。

巴比伦旧事：沙漠里的法典

“我在这块土地上创立了法和公正，
在这时光里我使人们幸福。”

——古巴比伦《汉谟拉比法典》的卷首语

古埃及人虽然才华横溢，有良好的正义感和歌颂正义的良好口才，但他们在给世界留下了金字塔、狮身人面像、太阳历和一大堆写在纸草上的文学作品的同时，却实在是没有给我们留下太多法律活动的记录。文明人真正的法律故事，应该是起源于亚洲西部的古巴比伦人。因为此地曾诞生了许许多多极其远古的关于人类如何制定法典的传说，并留下了一部人类历史上最古老、最完整的成文法典——《汉谟拉比法典》。

从埃及的首都开罗往东，经过以色列、巴勒斯坦、约旦进入伊拉克，穿越当今地球上最动荡不安、战火纷飞的这一大片地区后，我们现在就站在巴比伦的古城遗址上。眼前是茫茫的大漠黄沙，身边是一望无边的荒草残阳和死一般的寂静。

大约在距今 5500 年前，与古埃及的文明同时，在此地的两条大河——幼发拉底河与底格里斯河之间的两河流域上，也曾经崛起过另一个世界文明古国——巴比伦。当时的此地，与尼罗河三角洲一样，也都是林木茂密，水草丰美，牛羊遍地，是世界另一个巨大的粮仓。虽然，在科技文化的成就方面，巴比伦人的建筑艺术、天文历法、数学、文字的成就与古埃及都同样辉煌，但巴比伦城最值得骄傲的一点，而令我们历尽艰辛都要踏上这块土地的那一个原因却是：此地，曾出现过一部人类历史上最早的成文法典。

历史知识链接

拉比

自公元前 6 世纪之后，以色列人便经历了一次又一次被屠杀、被灭国的辛酸命运。在这段烽烟变幻的动荡岁月里，在地中海三岸的犹太难民中，便出现了一大批被人称为“拉比”的犹太教大法官。他们常常对流散各地的同胞宣讲犹太教教义和道德教条、律令，并拥有对犹太教教义作各种解释的权力与权威，而从这些大法官的解释里面，便逐渐地产生出了一整套在犹太民族中口头流传的宗教法、道德法和民法的法律规条。

公元 2 世纪时，有些大法官担心这些口头流传的法律遗产会随着时光的流逝而渐渐失传，于是，他们便按照《旧约》圣经的形式，把《旧约》中的主要法律条文和他们历年收集、积累起来的各种口传法律规定都汇编起来，编纂成一部法典，称《犹太法典》，亦称《塔木德》。

这部法典，从公元 166 年开始收集资料至公元 5 世纪编纂成书，共历时 300 多年才告完成。它像《圣经》一样神圣，成为指导整个犹太民族走出 2500 多年战乱流离生活的精神支柱和行动准则。从这个意义上说，古代的“拉比”们，则可以说是犹太民族法律文明的引领者和守护神。

伫立在无边的荒草斜阳中，此地昔日的辉煌却不禁涌上了心头。

据说，公元前 2300 年左右，即距今大约 4300 年前，一支来自叙利亚草原的游牧民族进入了两河流域的南部，在苏美尔人残留下来的阿卡德王国的废墟上，建立了一个新的王朝——巴比伦王朝。几百年后，古巴比伦王国出现了一位西亚历史上最伟大的统治者——汉谟拉比王（巴比伦王朝的第六代国王，其在位时期约为公元前 1792~1750 年）。在他统治的几十年间，他建立了宏伟壮丽的古巴比伦城。据史载，当时城里有古代世界“七大建筑奇迹”之一的空中花园，城内有整齐的房舍街道，密集的人口，繁荣的商旅。在长达 1700 年的时光里，巴比伦城曾一直是世界上最大、最繁华的城市。

从考古实物中人们发现，当时的巴比伦人已广泛使用文字，他们记录一切交易的契约、账单。在这个古城废墟

古巴比伦王国的《汉谟拉比法典》。

里出土的陶土盘上，还记录有众多的法律报告和司法裁决书。正是这些古老的法律残片，显示这里的古代，曾经是一个“法治”的国家。

但今天，这个曾经辉煌的文明古国却有一个悲惨的名字——伊拉克。古巴比伦城的遗址，便位于今天伊拉克首都巴格达——那座著名的《一千零一夜》之城以南 90 公里处一片荒凉的沙漠上。我们来到此地时，只看到一座在寒风中颤抖的荒城。一座崭新而带点儿俗气的城门，城门外架着重重的铁丝网，城门倒是有一个优雅的名字，叫作“伊斯塔女神”门。进入了这座城门，城里面只有一两条残破的街道，一座巴比伦城旧日的标志——狮子雕塑，数处断墙残壁和满城的荒草，昔日的古城风貌已经荡然无存。而那部大名鼎鼎的《汉谟拉比法典》，却早已流落到法国巴黎的卢浮宫中。今日的游客，只能在巴比伦城遗址内的一堵墙上看到几幅油画，其中的一幅画上，还可以依稀看到当年《汉谟拉比法典》的一点儿影子。

说起来，这部法典被发现的故事也颇为传奇。1901 年，一个法国的考古队员，在伊朗高原的沙漠里，无意中踢到了一块石头，即使是穿了一双大皮靴，他的脚趾也还踢得生疼。该名考古队员一怒之下，拿出铲子挖了下去，想看看这究竟是什么东西。这一挖，便挖出了一个旷世奇珍——一根黑色玄武岩的大石柱。

这根石柱已经断成了三截，但拼起来还是完整无损。柱高 2.5 米，直径约 50 公分。它的上部刻着两个人的浮雕像：一个人

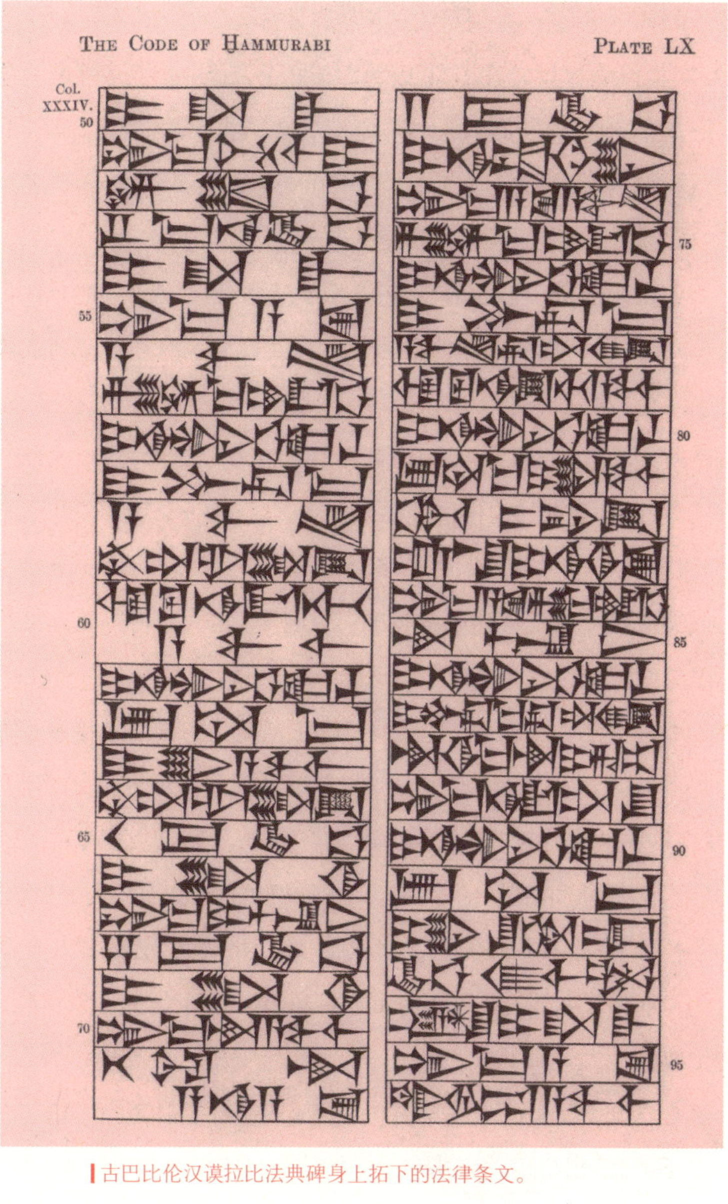

古巴比伦汉谟拉比法典碑身上拓下的法律条文。

庄严的神端坐着，右手握着一支权杖；另一个人肃立着，伸出双手，准备接受权杖。在石柱的整个表面上，都刻满了密密麻麻的楔形文字，经专家考察，原来，那是282条古代的法律条文。原来，这就是那部湮灭在岁月长河里2000多年的、历史上曾声名赫赫的古巴比伦王国的《汉谟拉比法典》!

考古队的队员们欣喜若狂。当时，他们想尽办法，把石柱偷偷运回巴黎，然后安放在卢浮宫里。自公元前500多年波斯人攻占巴比伦城之后，可怜的《汉谟拉比法典》，在经历了城破被毁，被波斯人劫走，其后又丢弃在沙漠里的2000年厄运之后，才刚刚重见天日，却又要被迫再次流落异乡。

这条沙漠里的石柱，可以说，是人类迄今发现的世界上最早的成文法典。正是从这条神秘的石柱身上，世人才得以重新发现了巴比伦昔日的辉煌。

石柱上部雕刻的，就是汉谟拉比王从端坐的神手上接过法律的场景。《汉谟拉比法典》的一开首就是汉谟拉比庄严地声明："我在这块土地上创立了法和公正，在这时光里我使人们幸福。"

当然，不同时代、不同阶级、不同思想的人，对什么是"公正"和"幸福"总会有不同的看法。但是，谁又能否认，在汉谟拉比的这句声明里，其向世人表达出了一种超越一切时空的法律最本质的价值精神?

在这部《汉谟拉比法典》里，"商业法"占了很大的比例。一切关于销售、租赁、易货、贷款、抵押的交易按规定都要签订合同。

从《汉谟拉比法典》里可以看到，世界史上最早的“劳工法”已开始出现。无论以何种形式雇工，工资都由法律规定，雇主不能少给一个钱。关于土地出租的法律看来相当进步——租金由双方同意的合同规定，若遇上天灾粮食歉收，法典规定：佃户可以推迟支付租金。这些规定倘能真的严格执行的话，那么，古代巴比伦农夫的日子，看来，便可能比数千年间一直受官府老财们催租逼债的中国农夫们要好过得多。

在这条石柱上，人类的“犯罪法”也第一次出现了：偷盗、诈骗、卖假货、故意伤害或过失伤害都被视为对公众的冒犯，被视作犯罪行为，要受到严厉的惩罚。由于历史的局限，《汉谟拉比法典》对“刑法”公正的追求，基本上仍停留在“以牙还牙、以眼还眼”的同态复仇的原始阶段，而且，同一罪行，对自由民和对奴隶的罚则也并非一律平等，但是，在那个遥远的古代，在那个人类历史的少年时代，谁又能用一种现代人的标准，来对这人类法治的第一步尝试去吹毛求疵呢？而真正值得赞叹的是：在这部古老的法典上，有许多现代“民法”的重要内容，如“家庭法”“婚姻法”“财产法”也开始产生了，例如：所有的子女（包括领养的子女），都有权平等地分享父亲的遗产。如果妻子疯了，丈夫有权再婚，但病人必须由他来赡养等。

短短的 282 条条文，却包括了现代的刑法、民法、商业法和劳工法、社会法等极丰富的内容，这便足以表明这一天才民族在法学上取得的杰出成就。

经过十多年的两伊战争、海湾战争的战火摧残，两河流域如今已经是天不再蓝，水不再清。倘若汉谟拉比有灵，重临这片土地，他会惊讶地发现：除了昔日壮丽的空中花园已化为一片沙漠、他亲手制定的法典石柱已流落他乡之外，这个昔日繁荣富强的“法治之国”，如今已变成了一个极度贫困落后的国家。此地的法律已难言“公正”，而人民也不再幸福。只有在那些堆积如山的、刻满了古代楔形文字的泥板上，他还可以依稀地读到，他的子孙们发出的一声声哀伤的悲叹——

“正义啊，我的女神，

你何时能重返这凄凉的故乡？”

法学链接

有许多书本称“乌尔纳姆法典”是世界上最古老的第一部成文法典，但对于这种说法，世界考古学界仍未能取得足够的、有说服力的实物证据来证实。因此，尽管人们不囿于成见、努力去追寻更多更早的法律源头的举动是值得称许的，但是在国际法制史学界未有任何一份权威报告来确证事实和改写历史之前，对这个问题，我们显然是应该采取一种较为严谨的态度。

西奈山传奇：神圣的“上帝之约”

“法律的制定是为人们享受和平的、有德行的生活所必需的。”

——13世纪欧洲神学家阿奎那

离开了荒草连天的巴比伦废墟，重返埃及，我们现在来到了著名的西奈半岛。

西奈半岛，就像一个巨大的倒三角形楔子，牢牢地钉楔在亚非两大洲的交汇点上——它北边是地中海，南边是红海，西边是非洲，东面是亚洲。就在这一片怪石嶙峋的沙漠上，却继《汉谟拉比法典》之后，又诞生了人类另一部伟大的法律——“摩西十诫”。

提起摩西，你会想起一个多灾多难的民族——犹太人。远古的时候，犹太人与阿拉伯人本来是一脉同根，共同生活在阿拉伯半岛的最南端。在距今大约5000年前，天性好动的犹太民族穿越了浩瀚的阿拉伯大沙漠，往北迁移，进入两河流域的乌尔城，与巴比伦王国的人民和平共处。但其后不久，因为宗教上的争执，偏激的亚伯拉罕，毅然率领族人又一次出走。他们满怀希望地往西方，向地中海东岸的“迦南之乡”——一块据说是上帝曾经许诺给犹太人的“应许之地”进发。谁知这一去,便开始了这个民族历时4000年的大流亡。

迦南,即现今的巴勒斯坦,是地中海东岸一片肥沃的新月形地带。在当地人的语言中,“迦南之乡”意即“流淌着牛奶与蜂蜜的土地”。当地人热情欢迎这些犹太人,把他们称为“希伯来人”,意即是“渡河而来的人”。而这些希伯来人就在此地建立了一座“希伯伦”城。亚伯拉罕在这里生了一个儿子,而儿子又给他生下一个孙子。这个孙子名叫雅各,天生一身力大如牛的神力,据说,他曾在睡梦中与天神“以色”角力并获得胜利,故犹太人的上帝耶和华赐给他一个新名,叫“以色列”,意即为“战胜天神的人”。以色列生下十二个儿子,后来,这些子子孙孙们便发展为犹太人的十二个部落,遍布在约旦河、死海两岸的河谷平原里,从此,这里便崛起了一个叫“以色列”的国家。

从那时候起,犹太人曾有过一段短暂的幸福时光。但后来的历史却证明了:上帝亲自拣选给犹太人的这一片家园,却选得实在太不是地方——此地是一个欧亚非三大洲文明的交汇点,正位于一个古代世界的十字路口上。埃及人、亚述人、巴比伦人、波斯人、希腊人、罗马人,谁家强大起来,谁家的战车便都要从犹太人的房顶上辗过。大地一次又一次被践踏,城池一次又一次被焚毁,男儿一次又一次被屠杀,妇儿一次又一次被掳为奴隶。终于,在2000年前,这个国家被罗马帝国彻底毁灭,幸存下来的犹太人忍泪含悲,流散到全球各地。

壁画：西奈山上与上帝耶和华立约的摩西（Moses descends from Mount Sinai with the Ten Commandments），荷兰画家Ferdinand Bol（1616-1680）创作于1662年。

又过了700年后，阿拉伯人才冲出沙漠，入住了这片荒城。

而发生在西奈半岛上的那一页悲壮往事，其实，只不过是这个流浪民族数千年苦难的第一个开篇。

传说还在雅各的时代，因战乱和饥荒，犹太人被迫离开了刚立足不久的迦南之乡，穿过西奈沙漠迁徙到富饶的埃及。岂料，埃及的法老王拉美西斯二世想把这些外乡人贬为奴隶。他下令溺杀所有的希伯来男婴，强迫所有的犹太妇女都要嫁给埃及人并改信埃及的宗教。经历了一段漫长的奴隶生活后，在民族英雄摩西的带领下，宁死不屈的犹太民族又一次开始了“胜利大逃亡”。他们扶老携幼，赶着牛马破车，烟尘滚滚地向着东方的故乡进发。在红海的岸边，他们打败了法老王的追兵，人困马乏，踏上了寸草不生的西奈半岛。这一切，都一字一血泪地记载在犹太人的史诗《圣经》的第二章——《出埃及记》中。

“因为不屈服于奴役，所以他们选择了流浪。”这就是犹太民族 4000 年不变的性格。就在我们眼前这一片黄沙万里的不毛之地上，摩西带领他的族人们，在西奈的烈日下整整流浪了 40 年！据说某日，他们来到这座西奈山下（今天西奈半岛南端的卡瑟琳娜山），心力交瘁的摩西曾丢下人群，独自登上万丈的悬崖顶上，仰天祈祷，请求耶和华为他的族人指示一条正道。但耶和华却总不露面，摩西在山顶上静修了 40 个昼夜，而山底下群龙无首的犹太人却早已发生哗变。有的人在大声痛骂摩西把他们带入了这个绝地，有的人在向一头金牛犊下跪祈祷，而有的人则在互相抢夺食物和水。等摩西下山时，整群犹太人已乱作一团。摩西一看，大发雷霆，他目光如电，长发飘飘地振臂一呼道：“你们这班不信神的人呵，快丢弃你们的偶像吧！只因你们不信神，神才给了我们那么大的惩罚。刚才在山上，我们万能的神耶和华已与我订立了神圣的契约——只要你们今后能悔过自新，并能遵守神的十条戒律，神便会指引一条大道，引领以色列人回到那流香淌蜜的迦南之乡！”据说当时，随着摩西的喊声，天上奇迹般地闪电雷声隆隆大响，一只看不见的手——上帝之手，曾嗖嗖嗖地在西奈山的峭壁上刻出了这十条戒律，它们是：

一、除了耶和华之外，以色列人不可再有别的神；

二、不许雕制和崇拜任何偶像；

三、不许妄称耶和华的尊名；

四、当守安息日（星期六）为礼拜耶和华的圣日；

五、当孝敬父母；

六、不可杀人；

七、不可奸淫；

八、不可偷盗；

九、不可作伪证诬陷他人；

十、不可贪图他人的一切。

据说当时，以色列人先是目瞪口呆地看着这一切奇迹，继而是大声欢呼，热泪盈眶，感谢在绝境之中神并未丢弃他们。夜色苍茫，他们在西奈山岩下点亮火把，一遍又一遍激动地诵读着“摩西十诫”。次日天亮，汹涌的人群又万众一心地紧跟着摩西的脚步重新踏上征途。

“摩西十诫”，既是希伯来人的经典法律，也是全人类最早的法律成就之一。一方面，它初步形成了犹太教的教规、教律与礼仪，规定出一些主要的宗教节日，并在此基础上，演绎出一整套指导犹太人 3300 多年社会生活的权威律法——《犹太法典》。另一方面，这部人类历史上的第二部成文法典（注：除“摩西十诫”之外，其余的犹太法令实际上都只是口传法律，直至公元 3 世纪才开始汇编为一部成文法典），也鲜明地体现出了平等的“人神契约”的思想。神既有被人民独尊的权利，也有要保护自己的子民的义务；而人既要有敬神的义务，却也有“神不佑我，我即弃之”的权利，而这神圣的契约一旦签订，则无论是人还是神便都不能随意撕毁，谁要毁约，谁必遭到上天严厉的惩罚。可以说，这种“上帝之约”，正是 18 世纪欧洲法学家们的“社会契约论”的先声，也正是 3000 多年来，西方社会遵约守法、“重合同、守信用”等社会道德风气的一个深厚的渊源。简简单单的十条约法，却对全人类的历史进程产生了极其深远的影响。

离开西奈山后，摩西带领以色列人民继续前进，终于走出了茫茫的西奈沙漠，最后来到了死海附近。此时，这位年近八旬的老人已衰老不堪。据说，他非常吃力地登上死海背后的奈布山顶，眺望着山脚下那波光粼粼的死海和约旦河，而那片“肥沃的新月”地带——迦南故乡，已赫然地出现在眼前。此时，摩西突然头晕目眩，一头栽倒在地上，心脏永远停止了跳动。历史记载这一年是公元前 1237 年。

摩西的伟大之处，不仅在于他为族人创立了一部伟大的法律，而且还在于他坚韧不拔地遵行了这种守法的精神。这位犹太民族的伟大领袖，至死都牢牢地信守着他对人民的契约和义务——在历尽一生的艰辛之后，他终于把以色列人带回到故乡的大门口。

耶城访古：所罗门的“智慧”

“以色列人呵，你们要持公平如静静湖水，主正义如滔滔江河。”
——公元前8世纪犹太先知阿摩司语录

追随着摩西的足印，我们的世界法律之旅，来到了死海之滨这一片神奇的土地。

摩西死后，长期在沙漠中漂泊流浪的以色列人，终于又回到了他们的故乡——迦南。不过，现时占据了此地的腓尼基人，却已给这地方改了个名字，叫作“巴勒斯坦”。

据说，在进入巴勒斯坦境内的时候，以色列人家家都抬着一个木匣子。匣子里面，装着刻有“摩西十诫”的小石板——一份与上帝的契约，故称之为“约柜”。当他们重新定居下来之后，他们很快就依据这份“人神契约”的精神，发展起一整套完备的犹太教规和一部著名的《犹太法典》。于是，继《汉谟拉比法典》后，在亚洲，又出现了第二个“法治”的国家——以色列，而它当时的首都，就是那座夹在死海和地中海之间的千古名城——耶路撒冷。

古代画家笔下的约柜。

现在，我们就来到了这座饱阅沧桑的古城里，来寻觅那昔日法律的故事。

"耶路撒冷"，迦南语的意思就是："和平之城"。但颇为讽刺的是，从古至今，耶路撒冷却实在与"和平"二字相去甚远。由于这里地处一个古代世界的交叉路口，列强争抢，宗教互攘，此地的战火，竟一直燃烧了差不多5000年！一座小小的、面积仅1平方公里的旧城，竟然同时矗立着世界三大宗教——犹太教、基督教、伊斯兰教多座金碧辉煌、至高无上的圣殿，这教这座古城，如何去承载这生命中无法承受的沉重？

“客来空吊古，悲泪落清笳”。我们此行的目的，是要来寻觅那法律的足印——所罗门王的足印。但没想到，历史之手，却兜兜转转地，依然把我们引领回那堵著名的“哭墙”面前。

相传，在距今近3000年的时候，以色列人中出现了一位著名的君主——所罗门王。所罗门的时代，是犹太民族有史以来唯一的繁荣富强的黄金时代。他曾用了7年的时间，为耶和华建造了一座壮丽无比的大神殿，这座神殿的位置，就坐落在今天耶城东北角的圣殿山上。据历史记载，这座圣殿高踞山巅，坐西朝东，气势十分雄伟。神殿大门和所有的廊柱、天花、门窗全部镶金，灯具、祭器和供奉“摩西十诫”的约柜也全部用纯金制造。神殿外边的院子里，有100个种满莲花的金边水池。神殿落成之日，盛大的庆典持续进行了两个星期！而所罗门，就日日来到这神殿里，在橄榄树的浓荫下，为全国臣民主持正义，开庭审理各类案件。

据说，所罗门在继位之初，就曾虔诚地向上帝祈祷，希望上帝能赐予他当一个好国王所必需的品质。于是，耶和华便拿出了四样东西给他挑选。所罗门从“长寿”“财富”“复仇”“智慧”中挑了“智慧”，于是，上帝便赐给了他一个谨慎而又聪明的心灵。从此，所罗门断案之神能，破案之智慧，裁判之公正，在西方历史上留下了许多佳话。

下面这个故事，就是3000年前发生在此地的一个经典的法律故事。

据说，有一天，所罗门端坐在大神殿里的审判席上，有两个妇女抱着一婴儿上殿来，哭哭吵吵地向他陈述一个案件。其中一名妇女甲指着另一妇女乙说：她们二人，住在一起待产。她（甲）生下一个男婴的第三天，而她（乙）也生下了一个儿子。

当晚，妇女乙不慎把自己的孩子压死了。惊痛之余，妇女乙竟然趁夜深人静偷偷把两个孩子掉了包。妇女甲醒来发现怀中孩子已死。惊魂甫定后，仔细一看，她才发现，这死婴并不是自己亲生的儿子。

妇女甲陈述未完，妇女乙就激动地向所罗门抗辩道："不！她说的是假话！死去的才是她的儿子。"而妇女甲则更激动、更大声地说："活着的是我的儿子！我的儿子……"

二女争子，吵得不可开交。这件天字第一号的奇案，一时间，也难住了所罗门。

在所罗门生活的那个时代，医学上还未发展到验血认亲、DNA亲子鉴定的地步，而本案又丝毫没有其他的人证、物证可供参考。只见所罗门沉思良久，突然睁开眼睛，发出一个简短的命令："拿剑来。"

甲乙二女大吃一惊，拿剑来干什么？所罗门说："把婴儿切成

绘画：所罗门的审判（The Judgement of Solomon），佛兰德画家Antoon Claeissens（1536-1613）创作于1605-1613年，作品陈列于比利时布鲁日市政厅内。

两半，一人一半。”此时，妇女甲失声痛哭道：“国王呵，把孩子给她吧，我宁可不争了，请不要杀孩子！”而妇女乙则恶狠狠地说：“好呵，我既不能得到，她也不能得到，干脆一刀两半，把孩子杀了吧。”

此时，真相大白。按人之常情，只有亲生母亲才会委屈自己，来保存孩子的性命，于是，所罗门作出了一个千古传诵的判决：把孩子交给妇女甲，她才是真正的生母。而狠毒的妇女乙，则受到法律应有的惩罚。

这个英明判决在世界各地流传了将近3000年，使所罗门成了西方世界妇孺皆知的一个司法正义的守护神，其名声，甚至远远超过我们中国的包青天。当然，如果用现代法治的原理和观点来看，所罗门这一司法行为显然是大有问题的。他首先是触犯了法律，即违反了“摩西十诫”里“不可妄杀人”这一条；其次，他的恐吓之所以能产生这样大的戏剧性效果，则全因为妇女甲乙以及全体以色列子民都知道，他手上确实有“切开婴儿”而无须经任何司法程序批准的权力。这种“法治”，其实还是一种“权力至上”的“人治”，充其量，它只是一种“形式法治”，而远非我们今天所追求的那种“法律至上，连国王也不得违反”的“实质法治”。但在那个遥远的古代，在那种完全没有事实证据的情况下，作为一个能积极创造破案条件、克服困难、去实现司法公正的审判官，所罗门的智慧，确实是值得千秋万世的景仰。

但今时今日，这座所罗门曾坐堂审案的犹太教第一圣殿究竟在哪里？我们在圣殿山上徘徊多时，却找不到它的影踪。一问人，却被告知，原来，它的废墟就在那堵举世闻名的“哭墙”下。原来，在所罗门死后344年，巴比伦国王尼布甲尼撒二世率领他的铁骑攻陷了耶路撒冷。他们用一把火烧毁了壮丽的大神殿，从此，繁华一时的耶路撒冷，就变成了一片被烧焦的废墟。后代的犹太人，把遍地的乱石重新拾起，在原地砌成了一堵墙，并在此地重建了第二圣殿。岂料，数年之后，第二圣殿又被罗马人一把火烧毁，而留下来的，只有这一堵墙。犹太人年年月月到此地缅怀过去，禁不住悲从中来，个个放声痛哭，因而，这堵墙便又被命名为“哭墙”。

我们伫立在这堵“哭墙”的面前，凝视着那一块块历尽沧桑的古老岩石，我忽然觉得，这岩石是一本本厚重的历史书。它不仅记录了犹太民族那沉甸甸的数千年苦难史，而且在它的背后，还记录了那大神殿里曾经发生过的一个个经典的法律故事。

的确，从古到今，犹太人都是一个极其杰出的天才民族。但平心而论，在造成了这个民族数千年惨剧的种种因素里面，难道，除了“上天不公”这 4 个字之外，就没有一星半点需要犹太人自我反省的地方？讲实话，作为一个旁观者来看，从犹太人的始祖亚伯拉罕捣毁了别人的神像，与别的种族、宗教不共戴天及愤而出走乌尔城的偏激行为中，从那一刻开始，冥冥中，不就注定了这个民族 4000 年坎坷而悲惨的流浪命运？虽然，后代的犹太人中，代有摩西、大卫、所罗门、耶稣、爱因斯坦、马克思等伟人辈出，但“天妒英才”，积重难返，这个民族却始终摆脱不了那一种由性格决定的命运。因此，今日，为了避免这命运的悲剧重演，为了各个民族包括犹太民族自身的自由和幸福，也为了让耶路撒冷真正变为一座“和平之城”，以色列人，是否应该开始考虑一下：究竟怎样去改变一下自己的性格？而同时，也是否应该开始研究一下——与各种不同的文化、宗教、种族的共存之道？

当然，这些，都已是我们法律之旅的题外话了。

法学链接

中国古代也有一位大名鼎鼎的“司法正义守护神”——包青天。千百年来，中国的文学史上也曾广泛流传着一个与“所罗门故事”几乎一模一样的包公破案故事——《灰阑记》。故事中，美丽善良的青楼女子张海棠被迫嫁给马财主为妾，并生下了一个儿子。但不久，那位凶悍的马夫人竟然毒死了马财主，并向官府行贿，诬告了张海棠为杀人凶手，还将她的儿子强行抢去，说为己生，以谋夺马家财产的继承权。正当张海棠被贪官污吏投入黑牢、严刑逼供之时，她幸运地遇到了包公来查案。

包公听罢案情，略一沉吟，就命人用草灰在公堂的地面上洒了个大圆圈，并将那小孩儿放入圈内，然后对二女说：“谁能最先把这孩子拖出圈外，这孩子就判给谁。”于是，马夫人就抓住小孩儿一只小胳膊，狠命地往外拽。而张海棠因怕伤害了儿子，既想拉，又眼泪汪汪地不忍强拉。于是，真相大白。一直冷眼旁观的包大人，当场就作出了一个传颂千古的英明判决：将孩子判归张海棠。而马夫人因阴谋败露，与一干贪赃枉法的贪官污吏一起受到了法律的严惩。

雅典寻踪：众神不知何处去

“法官应该是严肃的、公正的和清廉的。他们不应受贿赂，不贪求私利，只是全力保护这城市所有人民的权利。”

——古希腊女神雅典娜对雅典法官的告诫

离开巴勒斯坦后，我们的世界法律之旅开始离开亚洲，进入了欧洲。

与地中海东岸的以色列隔海相望，在碧波万顷的爱琴海畔，一个古老的国家——希腊，以其璀璨的文化、绮丽的风光，每年吸引了世界各地万千的游人。

大约距今3300年前，希腊人，便开始出现在世界历史的微光之中了。遥想当年，一群来自亚洲伊朗高原的雅利安人赶着牛群、踏着崎岖的山路来到此地时，这群野蛮人曾一把火将原有的文明夷为一片废墟。然后，他们围着篝火喝酒跳舞，欢乐地听盲人歌者弹唱他们祖先或自己的英雄故事。有一日，面对着此地终年蔚蓝的天空和温柔的海水，他们忽然不想再到处流浪了，于是，在这片文明的废墟上，他们又重新建立了一个文明，而这个糅合了

绘画：位于雅典卫城的帕特农神庙（Acropolis at Athens），画家是Leo von Klenze。

雅利安人的自由奔放和爱琴海的浪漫优雅的新国家，其名字就叫作——希腊。

在此后的数百年里，随着巴比伦、以色列的相继衰落，世界法律的故事也渐渐地移到了地中海的北岸。现在，我们就踏在希腊首都雅典城的大街上，像当地人一样悠闲地漫步，细细品味这个城市昔日的荣光，同时，又追寻着人类法律在此地的足印。

我们今日的目的地是雅典的卫城。

雅典卫城，建造在雅典市中心一座海拔 150 多米、三面均是悬崖峭壁的山冈上。山脚下是一丛丛的绿树簇拥，而山顶上是清一色的白色大理石建筑。眼下，沿着陡峭的山路和一排排精美的石柱，我们正随着一群游客向山上攀登。

历史知识链接

复仇三女神

据《希腊神话》的记载："复仇三女神"是黑夜的女儿。她们都年纪老迈，但却身躯高大，眼睛是血红的，而头发上则爬满了毒蛇。传说中，她们时时一手持火炬，一手执一条由毒蛇拧成的鞭子，去四海奔波追击逃犯，无论是犯了"伪证罪"、"伪誓罪"或"谋杀罪"的人逃到哪里，她们都穷追猛打不放。犯罪之人既找不到避难所，也得不到片刻的休息，而三女神则吮吸他体中的鲜血，直至他只剩下一个干枯的影子时，"复仇三女神"才把他带到地府里去，让他沉沦在永生都无法解脱的痛苦中。

而颇为讽刺的是：因为惧怕这些"从不宽恕"又"不可和解"的女神们，希腊人便将她们的名字称为"欧墨尼得斯"，意思为："优雅的女神"或"慈悲的女神"。

穿过卫城残破的山门，你会看到右边峭壁上有座无翼胜利女神神庙，再往前几步，则是那座名闻遐迩的六仙女廊柱神殿。穿过遍地的断柱残石，到了山顶，帕特农神殿就像一个巨大的神话赫然出现在游客的面前。这座巍峨壮丽的神殿，是雅典人在2500年前为供奉该城的守护神——宙斯之女、太阳神之姊、战神和智慧之神兼大美人——雅典娜而建造的。它器宇轩昂，顶天立地，全部用白色的大理石筑成，48根粗大挺拔而又线条简洁流畅的多利安式立柱直指苍穹。苍穹上，是永恒湛蓝的天幕，而石柱间，则是千年不灭的天风海涛。游客到此，无不对这庄严壮丽的景象肃然起敬。

伫立在巨大的帕特农神殿面前，有人惊叹，有人畏怯，有人兴奋，有人沉思。而此时，一个关于雅典娜的故事却悠悠然涌上了我的心头。传说在2000多年前，智慧的雅典娜就曾在这座神殿前主持审判过一宗惊天的奇案。以这件案件为开端，雅典城从此便开始有了一整套法庭的司法制度。而希腊人，则据说从这里开始，学会了什么叫“正义”和“公平”。

那个精彩的法律故事是这样的——

据《希腊神话》的记载，在那场千里迢迢、木马屠城的特洛伊战争胜利后，希腊联军的统帅阿加门农凯旋回宫的第一夜，便被他的王后与情夫用利剑杀死在自家的浴缸中。阿加门农的幼子长大后，手刃了自己的母后和继父。他杀的虽然是两个有罪的人，但“复仇三女神”却对这个“不孝”的年轻人穷追猛打，誓要将其绳之于法。阿加门农的儿子——俄瑞斯泰斯被追得走投无路，最后逃入了帕特农神庙，悲声痛哭，请求雅典娜为他主持一场公正的审判。

于是，在这座庄严的殿堂里，演出了人类法律史上最动人心魄的一幕——雅典娜沉默深思良久，最后，她作出了一个明智的决定：“对这件奇特而复杂的案子，我将召集人间的法官们来共同进行审判。”

审判日的清晨，雅典娜走出了帕特农神殿，来到卫城对面的战神山上。原告、被告双方已准时到达，雅典娜所选出的法官、公民陪审团亦全部到齐，太阳神阿波罗作为辩方证人、辩护代理人，亦已到庭。而战神阿瑞斯及奥林匹亚山上的众神，则作为旁听者，云集在卫城山顶上的帕特农神殿外面。一干人神，在高高在上的帕特农神殿的注视下，开始了一场创世纪的审判。

当第一缕阳光照到浓绿的橄榄树顶上时，雅典娜庄严地宣布开庭。第一个程序，是复仇女神们向法庭提出她们的控告："你，俄瑞斯泰斯，我们代表正义而所控告的人，请回答我们，你是否杀害了你的母亲？"

"我并不否认。"面无人色的俄瑞斯泰斯低声地回答。

"你怎样谋杀的呢？"

"我用利剑刺入她的脖子。"

"你受了什么人指使或教唆？"

"我受了神谕的指示要为父复仇。阿波罗可以为我作证。"

第二个程序是太阳神出庭为被告人作证，以说明被告人的无辜。第三个程序是双方辩论。最后一个程序是双方作最后陈词。复仇女神中最年长的那位代表在陈词中反复强调一个观点，即王后杀死的仅仅是一个丈夫而不是一个有血亲关系的人；而被告人，却是杀死了自己的亲生母亲。二者相比较，被告人更应受到法律的严惩。而阿波罗的陈词却正好相反，他强调王后进行的是一场"蓄意谋杀"，而被告人只是履行了他复仇的义务。最后，复仇女神说："我们已经发出箭袋里所有的箭了。现在，我们静候法官们的判决。"

这时，雅典娜从首席审判官的高座上缓缓起立，开始发言。她以一种神圣的威严向所有的人们说："雅典的公民们，听着我——你们城市的守护神对你们说的话。今天，你们第一次被召集来审判一宗杀人的案件。今后，在战神山上，你们将永远保留这种我为你们创立的法庭，用来裁决和防止雅典人民的犯罪。法官们，记住你们曾经宣誓效忠于法律！现在，请在这钵子里投票，来解决这宗困难的案件。"

法官们都默默地从座位上站起来，鱼贯地走到法庭中间一块空地的正中。每个法官的手里都被分到了两颗石子——一颗黑，一颗白；黑的代表有罪，白的代表无罪。而法官要做的事，就是根据自己的判断，去选择其中一颗投入钵中。当所有的法官都投过票后，点算结果，不偏不巧，黑白二石的数目刚好相等。这时，首席审判官雅典娜开口了："公正的复仇女神们，雅典人民是尊敬你们的，今天，雅典法官的投票也是公正的。被告人在两种神圣的义务（为父复仇和孝敬母亲）中被迫作了一次选择，就像法官们刚才也作了一次选择那样，无论他选择的是哪一种正义，他都只能放弃其中的另一种。因此，在作出最后的裁决之前，我想对你们说的一句话就是：慈悲一些吧，你们这些不可和解的女神。不要一味沉浸在复仇里，而忘记了对人类的怜悯。现在我表态……"雅典娜缓缓步入场中，高高举起一颗白色的石子，投入钵子里。然后，她庄严地宣告："由于多数票的决定，我们宣告俄瑞斯泰斯——无罪！"

据说当年，战神山上、帕特农神庙的内外响彻了欢呼。经过短暂的抗议，最后连复仇女神也心悦诚服地接受了这个判决。

今时今日，圣地初临，我们也忍不住要从心底里发出一声赞叹。站在卫城高高的山顶上，俯瞰雅典，夕阳西下，金光迷离，但众神不知何处去，留给雅典城的，是一种千年的庄严。

其实，神话传说往往是可信的。神话往往是社会生活的一种反映。与人们熟知的法老王、汉谟拉比、所罗门甚至中国的包青天等“明君贤相之治”相比，古希腊的“民众参与、平等诉讼”的法律之治，已无疑地显示出，人类文明已进步到了一个新的里程。

暮色苍茫之际，我们离开了帕特农神殿——这座世界法律史上的丰碑。

法学链接

从这宗神话记载的案例里看，雅典当时，已完全具备了现代法庭制度的全部要素——有原告，有被告；有检控官，有辩护人；有陪审团，有合议庭；有严格的司法程序，有公正的法官；有双方平等的诉讼辩论、理据交锋，更有实事求是、从天理人情中苦心权衡出法律正义的法官“自由裁量权”。这一套由雅典人首创出来的司法规则和刑法学思想，曾深深地影响了全欧洲乃至全世界 2500 多年。

法律的天问：勇敢的安提戈涅

“所谓法治，应包含两重意义：已成立的法律获得普遍的服从，而大家所服从的法律又应该是本身制定得良好的法律。”

——亚里士多德：《政治学》

在雅典游览的时候，我发现，雅典的建筑师们非常善于为他们的建筑物选择地点。在陡峭的海岬上，在山岩的顶端，在悬崖之下的山坡上，无论是建造神殿或露天剧场，仿佛都是大自然专门为了这座建筑物而准备的一个绝好地方。

我们现在就站在卫城山麓下那座著名的露天大剧场上。这座以酒神的名字来命名，叫狄奥尼索斯的大剧场就像一把巨大的折扇，依着卫城的山势逐渐升高展开。它高达20层的观众席上部，连接着一片环状的丛林，丛林一直延展到一片连绵的峭壁之下，而百尺的峭壁之上，就是上篇我们提到的气势高贵、君临一切的帕特农神庙。观众席前面，像一个圆形被切去了1/4的场地便是舞台，舞台上铺满了一块块整齐的大理石。虽然，这座建于公元前5世纪的大剧场今日已变为一地乱石的废墟，但你站在舞台的中央，向地下扔一枚硬币或者轻拍一下手掌，坐在最高一排的观众，也还能清楚地听得到清脆的声音。

作为欧洲的文明古国，古希腊的戏剧艺术成就尤为辉煌。早在2400多年前，戏剧表演便已在古希腊十分盛行。各个城邦每年在庆祝葡萄丰收的时候，都要举行盛大的感谢酒神的戏剧节。2000多年前，埃斯库罗斯、索福克勒斯等著名的剧作家，便都曾在这个剧场上演出过他们的名剧。今日游客到此，闭目遐想，当年一队队头戴葡萄藤、葡萄串花冠的雅典少女，在此地载歌载舞，然后再鱼贯上山，到卫城山顶上的帕特农神庙，向此城的守护神——全能的雅典娜和笑眯眯的大胖子酒神狄奥尼索斯献祭的盛况。

但我们今日此行的目的，是来寻找法律的故事而不是来考察戏剧。不过，下面要讲述的这一个法律的故事，恰好又与剧场有关。

说起来，古希腊对世界文明的贡献，除了无与伦比的建筑、雕塑、诗歌、戏剧、奥运会之外，其实最大的影响，还是在“民主政治”和“自然法学”学说。早在公元前500年，古希腊就有了庞大而完备的商业法体系，不过，那主要是从对巴比伦人的学习中得来。对法律的起源，希腊人坚定地认为法律源于神授，从这里，你可以看得到巴比伦人和希伯来人的浓厚影响。但雅典人最独特的发明，就是保留了自己的祖先——那些赶着牛群到处游荡的雅利安人祖祖辈辈的一个传统信念——“一切权力来自部落大会”，因此，古希腊，就成为世界历史上第一个把“一切权力来自人民”这

绘画：安提戈涅。

句伟大真理写入法律的国家，而现代世界各国的宪法，也由此得到了一个共同的灵魂。孙中山先生曾把这句话翻译成中文，那就是——“主权在民”。遗憾的是，在雅典娜一手创立的那套司法制度里，虽独树一帜地呈现出可贵的民主色彩，却也隐含了一种泛民主化的危险倾向。而日后不幸，在那场著名的“梭伦改革”后，雅典的民主终于走向了一个极端。在民主政治走向一个极端的情况下，每个公民都有权轮流抽签去做法官，每个被告人都把“自辩”视作神圣不可侵犯的权利，于是，“公民大会”便渐渐取代了法庭，而阿波罗扮演过的律师角色也仅仅是昙花一现。古希腊最后，终于未能发展出为实施法律而必需的专业法庭，也没有产生出能代表公民进行专业诉讼工作的律师，这在“梭伦改革”众多辉煌的成就里，不能不说是最遗憾的一处败笔。

但民主政治的氛围，却很容易产生出“恶法非法”这样的观念。在我们脚下这座著名的酒神大剧场里，2300多年前，就上演过一出著名的悲剧，名叫《安提戈涅》。这出法制题材的悲剧，曾对“法律”二字提出了一个千古的天问——法，到底是什么？

在《希腊神话》中，安提戈涅是一个小姑娘，她有一个哥哥，在反对国王的战争中战死了。国王克里奥颁下法令：将叛军阵亡者暴尸城下，谁也不准哀悼、不准殓葬，任凭乌鸦野兽啄食。凡违反此法令者，要当场用乱石砸死。但安提戈涅却偏偏不听这一套。她勇敢地推开一众卫兵的阻挡，在众目睽睽之下，来到兄长的尸体面前，按古老的习惯，拜祭和安葬了她的哥哥。

看守的士兵们，大概对国王不人道的“恶法”也心怀不满，也没有一人依照“砸烂狗头”的“法令”去办事，只是职责所在，不得不将安提戈涅拘捕，带到国王面前。

当国王克里奥咆哮着怒问：“你知道你犯了法吗？”安提戈涅语带讽刺地反驳说：“你说的话也能算是法律吗？宙斯并未宣布过这样的法律，正义之神也从未定下过这样的法律要人们遵守，因此，我也不认为你说的话是有法律效力的。”

法律是什么？对这个简单的问题，其答案，全人类已经探寻了几千年，而安提戈涅这位小姑娘给出的答案，却是出奇地简洁而不简单——法律即是天理与人情！而不是有权有势的统治者们个人的喜怒和随意的咆哮。在安提戈涅看来，尊敬和爱护兄长，是做弟妹的首要义务；而人死了就要埋葬，这是一些极其简单的人之常情，或人的权利。即使是叛国者，死已是最大的惩罚了，不准安葬就显失公平；再加上，掩埋死尸，本来就是对人类生命的一种尊重，和对人类生活环境的一种保护，这更是一种不言而喻的天理，是神制定的自然法则。而国王自定的人的法律，如果不符合自然天理，反而是伤天害理，违反人性人权，那就是不好的法律。不好的法律，就不是法律，就不需要去遵守它，甚至要去推翻它。一句话，"恶法非法"！每当悲剧演到此处时，古希腊的观众总是满腔热泪，掌声如潮。

尽管安提戈涅最后仍是被处死了，但"法律之内，应有天理人情在"的自然法学思想，以及"恶法非法"的念头，却从此在希腊人、罗马人以及整个欧洲人的意识里面，留下了一种深深的烙印。

今时今日，站在狄奥尼索斯露天大剧场的中央，我们仿佛还能听到，安提戈涅那一声慷慨激昂的千古天问——"你说的话也能算是法律吗？"还仿佛可以听到，那三面青山上热烈掌声的回响。几年之后，《安提戈涅》的编剧者、伟大的戏剧家索福克勒斯意犹未尽，又在他创作的另一部戏剧《俄狄浦斯》中，借剧中人物之口，进一步抒发了自己对法律深层次问题的思考，他说："法律诞生于天堂的最高层，并不是由凡人创造，遗忘不能使之沉睡，因为上帝赋予了我们永恒的力量。"这一番坚定不移的"神定法"思想，岂料竟赢得了后世大多数欧洲人的深深赞同。从此以后，希腊人那种“法即天理人情、法律神圣、‘神定法’应高于‘人定法’”的自然法学思想，无意中便成为欧洲人、美洲人 2000 多年来不断浸淫其中的“自然法上”的一个最可靠的“温床”。

希腊人历来被喻为是全体欧洲人的“精神祖父”。而此时此刻，站立在这个露天的圆形大剧场上，我忽然发现，我们竟然正站在一个全球最古老的“法治”理想的摇篮中。

法学链接

所谓的“自然法学”，是指古代西方这样的一种法哲学观念，即在人世间一切由国王制定的“人定法”“实在法”之上，一定还存在某种神秘的、不以统治阶级意志为转移的“天意”，存在一种由大自然来制定的“自然法则”。这些“自然法则”，如“自由平等”“公平正义”“人权物权”等，都是一些大自然的“理性”，是大自然的神秘命令。因此，2000 多年来，在西方人的心目中，“自然法”就被认定为一种高居于“人定法”之上的“神定法”，一种悬挂在现行“实在法”之上的“应在法”，而同时，这种无处不在的“自然正义”，更被视作一种更具理性的、可以在批判或改良现行实在法时，用来作终极依据的“最高级的法”。

爱琴落日：苏格拉底的苦酒

"为实现正义，哪怕它天崩地裂！"

——古代西方法律格言

很长时间以来，雅典都以世界文明的大学校而著称。而今日的雅典城郊，仍有无数访古寻幽的好去处。

在雅典学院的废墟上，你仿佛还能见到苏格拉底当年舌战群儒的雄伟身影。在城南近郊、阿卡德米体育场附近的一条小溪旁，一片茂密的橄榄林里，据说是柏拉图晚年隐居的地方，那儿的鸟儿整个夏天都在悦耳地鸣叫。无论你信不信，导游都会指着一张木椅子说：2000 多年前，柏拉图曾坐在上面构思过他的名著《法律篇》。而在附近的另一条小溪旁，据说，亚里士多德曾日日与他的一班弟子们边在花丛中散步、边海阔天空地谈论着天文、地理、动物、植物、医学、数学、音乐、戏剧、艺术、政治、法律乃至逻辑，在当时和后世留下了"雅典逍遥学派"这样一个千秋的美名，以及在世界史上第一次提出了要"依法治国"这样一个光辉的主张。

而与他们同时，在地球的另一边，中国的春秋战国时期，也曾经有过一个孔子、孟子、老子、庄子、孙子、晏子、韩非子等名家辈出的时代。但很遗憾，因种种历史性、民族性的因素，在法律、法学方面的成就，我们中国人却始终没有达到过像希腊人那样的高度。

古罗马的法学家普利尼，曾在一封给朋友的信中写道："你将要去的那个城市（雅典），是一个礼貌和知识的国度。那儿的人们呼吸着真正人性和自由的空气……请记住一点，是他们把法律传给了我们，仅凭这一点，便足以令他们千秋不朽。"普利尼说的真对。在今天，虽然古希腊许多宏伟壮丽的建筑、雕刻都已沦为废墟，但希腊人留下的许多法学思想、言行、故事，仍是全人类法律宝库里的一些最宝贵的遗产。

绘画：苏格拉底之死（Death of Socrates），法国画家Jacques-Louis David（1748–1825）创作于1787年。

徘徊在雅典学院的遗址上，我想起了一个苏格拉底的故事。这个关于公民要忠实履行“守法义务”的故事，可以说，是西方法学史上一个永恒的经典故事——

公元前399年，古希腊著名的思想家苏格拉底，由于经常对雅典的劣质民主政治发表猛烈的批评意见，于是，就在他70岁的那年，被三个卑鄙政客指控犯下两项罪名：第一，恶毒攻击雅典的民主传统，犯了叛国罪。第二，有害思想误导青年，犯了煽动罪。

当时雅典城的司法制度，早已偏离了神话时代的“专业法官与普通民众相结合”的合议庭制度，而是按极端民主制的原则，从雅典10个部落中无差异地各推选出50人，组成一个500人的公民大会来进行审判。表面民主，但实权却往往操控在一小撮人手里，这就是我们称雅典式的民主为“劣质民主”的根本原因。尽管苏格拉底在法庭答辩上伟论滔滔，把指控方驳得哑口无言，但雅典法庭在大批无知无识的暴民的起哄声中，还是以280∶220过半数的多数票，荒谬地判决了苏老先生——死刑。

公平扫地，正义扫地。“多数人专制”之花在雅典盛开，结出的苦果，就是使古希腊伟大的法学成就蒙上了一个不可磨灭的污点——以思想有罪、言论有罪为理由，来残忍地剥夺一个爱国者的生命权利。这一点，真令一向以雅典城的民主自由、公平正义为荣的苏老先生伤心欲绝，同时，也令一大批富有正义感的雅典公民愤愤不平。

绘画：亚里士多德和柏拉图（Plato and Aristotle），意大利画家拉斐尔·桑西（1483-1520）创作的《雅典学院》（The School of Athens）的局部。《雅典学院》创作于1510-1511年，绘制在意大利梵蒂冈博物馆拉斐尔展览室的署名之厅墙壁上。

临刑的前一夜，来探监的老朋友克力同极力鼓励苏格拉底越狱：狱卒已经用钱收买，马车已经备好。既然雅典的法律没有公平正义，那我们何必还要遵守法律？克力同的这种观点，显然代表了许多无政府主义者和革命家的心声。但豪杰，也许本就是常人所根本无法理解的那种。在法庭上曾经痛斥雅典法制不良的苏格拉底，这时却反过来站在雅典法制的一边。他在铁门已经洞开，生死系于一线的紧要关头，竟然停下脚步，反问克力同一个抽象的法学问题："难道逃狱就符合公平正义吗？"

在铁窗镣铐的禁锢中，这个年老的思想家却仍然在努力地思考：雅典的法律虽然失去了公平正义，但服从它的判决，维护"法律至上"的秩序，这不也是一种公民的义务吗？每个公民都要履行守法的义务！这也是一种导人向善的法律正义。如果人人都只以自己内心判断的是非为是非，人人都只随自己内心的喜恶去利用法律、玩弄法律甚至是敌视法律、抗拒法律，不履行自己的公民义务，这势必会导人向恶，会造成社会秩序的大乱，最终，一定会导致整个社会公平正义的彻底崩溃。

而以一种令公平正义崩溃的方式去追求公平正义，这岂不正是"饮鸩止渴""以暴易暴兮，不知其非矣"吗？因此，苏老先生忽然发现，自己已经跌入了一个悖论式的怪圈里：既要满腔热情地追求一种理想的法律正义，又要冷静理智地服从一种现实的法律正义，无论是选择了哪一种公平正义，都意味着要否定另一种公平正义。思来想去，不能自拔，最后，他唯有大义凛然地选择了——死。

问世间，法是何物？直教人，生死相许！

第二天傍晚，当最后一缕夕阳穿过铁窗的时候，苏格拉底在囚室里，最后望了一眼爱琴海上的满天落霞，然后，举起一杯狱卒端来的毒酒，一饮而尽。

至死，他的神态都是安详的。或许，这是因为，他已经找到了“公平正义”的答案？

14年后，雅典人民悲痛地为这宗冤案平了反。

曾经一度迷途的“公平正义”，终于重返希腊的故乡之路。这里面，千秋青史，魂兮归来，有苏老先生那一杯苦酒的功劳。

宁死也要追求法律的公平正义！“为了实现正义，哪怕它天崩地裂！”西方人这句古老的法律格言，真的是义薄云天。

自古以来，有许多西方人，便真的是用生命的代价，去实践自己的法学梦想和理想。其性情之耿介刚烈，其志趣之远大专一，为学术而学术，为理想而理想，绝不拿学术和理想之中的智慧，去换取学术和理想之外的富贵。虽然，这些人许多时候都被视如疯子傻子，被嘲为不切实际，不识时务，然每一时代人类文明之重大进步，必仰赖于此等伟人。

数十年后，苏格拉底的学生柏拉图的学生，那位曾以“集当时世界知识之大全者”而著名、兼任马其顿国王亚力山大老师的亚里士多德，在深入反思祖师爷命运悲剧的基础上，痛定思痛，提出了一个光耀千古的伟大主张——要“依法治国”。同时，他也在他的名著《政治学》里，第一次提出了一个关于“法治”的定义。他说：“所谓法治，应包含两重意义：已成立的法律获得普遍的服从，而大家所服从的法律又应该是本身制定得良好的法律。”一是守法，二是良法（不能是恶法），这两件事做好了，这个国家才称得上是“法治”。这几句简简单单的话，今天，已成了全世界法学家奉为经典的金玉良言。

伫立雅典城头，眺望爱琴海上的波光粼粼，游目四视，不知哪一处废墟，是当年囚禁过苏格拉底的牢房？也不知哪一座橄榄树从中的小白屋，是当年亚里士多德写作《政治学》、提出“依法治国”主张的地方？“昔人已乘黄鹤去，此地空余黄鹤楼。黄鹤一去不复返，白云千载空悠悠。”此时此刻，这首著名的唐诗，蓦然涌上了我的心头。

就在亚里士多德所处的那个时代，随着马其顿帝国的兴起，古希腊已经无可挽回地衰落了。雅典的光荣即将成为过去，此刻，历史的大幕，已悄悄地转向了西方的意大利半岛。

下一站，我们的法律之旅的目的地——罗马。

古罗马废墟

——法律的沉埋

不同的民族往往有不同的天赋——犹太人善于在上帝的启发下思考正直的品行，希腊人醉心于民主政治的激情，而罗马人的天才，则在于务实的法律制度的创建。迄今为止，正如古罗马的神庙、廊柱一样，罗马法律，仍然是世界各国法律灵感永不枯竭的来源。

Justice

天平与宝剑：蒙眼闭目的正义女神

“罗马曾三次征服世界及与各个民族结缘。第一次是通过武力，第二次是通过宗教，而第三次是通过它的法律。”

——19世纪德国最伟大的法学家鲁道夫·耶林：《罗马法的精神》

这一站，我们的世界法律之旅来到了著名的“永恒之城”——罗马城。

台伯河水不舍昼夜地从罗马城中穿流而过，它目睹了罗马帝国的兴衰。

自希腊文明衰落之后，罗马共和国在历史上悄悄崛起。在700年的时光里，罗马，从台伯河畔一个小小的山村，急剧地扩张为一个横跨欧亚非三洲的大帝国，而世界法律的故事，亦随之在这一片辽阔的土地上，有血有泪、泪中有阳光地继续展开。

传说中，罗马城的创立人是两个孤儿——孪生兄弟罗慕洛和雷莫。他们一出生，便被仇人装入一个篮子抛入了台伯河中。幸好，一只母狼把篮子叼了上岸，并用狼奶喂大了这两兄弟。两个“狼孩”长大后，手刃了仇人，然后，再回到台伯河畔的七座山丘之下——母狼把他们哺育大的地方，筑起了一道城墙，并用两兄弟的名字把这座“七丘之城”命名为“罗马”。尽管后世许多的史学家认为：这神话仅仅只是一个神话，但世代相传，深信不疑的罗马人还是将这一日——公元前 753 年 4 月 21 日，作为建城的纪念日而载入了史册。而“母狼哺婴”的传说，也在不知什么时候被铸成了一座精美的青铜像，并成了罗马人引以为傲的城徽。今时今日，这尊“母狼乳婴”的铜像，仍静静地耸立在罗马市坎皮多利奥广场侧的一家博物馆内，日日夜夜，向万千游客述说着这个动人的故事。

讲到雕像，这就讲到了我们法律之旅这一站的主题。我们来罗马先不急于去参观那座大名鼎鼎的古代斗兽场，而是要去寻觅一座雕像，一座正义女神的雕像。

在世界著名的大都市中，罗马城是出名的“三多”——教堂多、喷泉多和雕像多。漫步在罗马的街头，广场大道、街心公园里，晶莹的喷泉与精美的青铜像、石雕像随处可见，谁也数不清这个城市有多少座教堂、有多少尊雕塑。而我们要寻找的那一尊石像，就静静地矗立在离天使堡西边不远处的罗马正义宫广场上。

现在，我们就站在这一尊石像的脚下，满怀崇敬地，仰视着她那 2000 年不变的庄严面容。只见她神情肃穆，巍然矗立，一手执宝剑，一手持天平，而双眼却被布紧紧蒙着。雕像的背后，刻有一句简洁的古罗马法律格言：“为了正义，哪怕它天崩地裂（Fait Justitia,Ruat Caelum）。”这便是整个西方世界里家喻户晓的法律化身——正义女神的雕像。

雕像无声，却令人肃然起敬。它日日矗立于天地之间，揭示着罗马人、欧洲人乃至整个西方世界一种悠久的法律观念——法是什么？法就是“公平正义”！

说起这座正义女神雕像的来历，还真有点源远流长。

历史上，关于正义女神的传说，最早的起源，其实是来自古希腊的神话。古希腊正义女神的名字叫泰美斯，是天与地的女儿。她名字的原意为“大地”，引申义则为“生命”和“稳定”。所以，在奥林匹亚山上的众神雕像中，正义女神的造型，是被塑造成一位表情严肃的中年母亲，手中常持一架天平，象征着平民百姓对“生命”和“生活”的希望，以及对法律“成熟稳重”“公平正义”的期求。

罗马特级宗座圣殿拉特朗圣若望大殿一角的一尊正义女神雕塑。意大利雕塑师Alessandro Maria Gaetano Galilei（1691–1737）的作品。

意大利最高法院建筑全景（罗马正义宫，上图），建筑入口上端的正义女神雕塑（下图）。

从神话中，我们可以看出，古希腊人对“审判机关”四个字的定义，从一开始便定位为“主持公平正义”的意思。但主持“公平正义”的事务也实在是太过繁重，靠正义女神一个神也忙不过来，于是，这位正义女神便与万神之神宙斯结合，生下了一个女儿——狄克，来协助她共掌法律、秩序和正义。但据说，狄克小姐的行事作风与母亲有很大的不同：她不分白天黑夜，经常手持利剑四海奔波，追杀罪犯。因此，在奥林匹亚山的神庙中，她的雕像造型是一位怒目圆睁、手执宝剑的美少女，代表着法律这把正义之剑的另一面——“打击犯罪”的坚定形象。

古罗马兴起之后，他们不仅全盘继承了希腊人的自然法学精神，而且也继承了对正义女神的热爱。不过，在罗马人这里，却把正义女神的名字改称为朱斯提提亚（Justitia，由法律“jus”一词而来），其雕像的造型，亦已将泰美斯与狄克母女二人的形象合而为一：她一手执宝剑，一手持天平，但双眼却开始用布蒙上。罗马人赋予正义女神的新内涵是：天平代表“公平”，宝剑代表“正义”，前额垂直的秀发代表“诚实”亦即“真相”，而蒙眼闭目，则表示审判要“用心灵来观察”。这样，罗马人便创造性地把西方法学的基本原则大大地往前推进了一步。

初看到这座女神雕像时，我们许多中国人会大惑不解：这正义女神的双目为什么要用布条紧紧蒙上？这样子，岂不是会受到蒙蔽、看不清事实真相了吗？其实，这种想法，很可能只是我们自己的一种旧习惯思维，因为，在我们中国历代的法典中，有许多明文规定法官审案要“察言观色”，而中国古代司法的象征、那只至今仍屹立在全国各地许多法学院门前的独角神兽，其雕像造型，就一贯是把眼睛瞪得大大的，一副威风凛凛的样子。而且，在封建时代，许多县衙里，公堂之上，大都会挂着一块牌匾，上书“明镜高悬”或“明察秋毫”四个大字。千百年来，老百姓耳濡目染，习以为常，这就难怪我们会对蒙眼闭目的正义女神大惑不解。这一切，都正好说明了东西方的司法观念、法律文化和法律制度之间有着极大的不同，甚至是完全相反的巨大差异。

据说，在基督教会统治的千年黑暗时期，正义女神的雕像同维纳斯女神等雕像的命运一样，也曾同样被折断手臂，打碎头颅，沉埋在千年的废墟之下。直至1000年后，在欧洲的文艺复兴、罗马法复兴运动中，正义女神的塑像才重新出现在意大利各个城市法院的屋檐上和广场中，成了所有西方人心目中根深蒂固的法律化身和象征。

我们在罗马法院的广场上，随便地请教了七八个人，他们有的是外国游客，有的则是本地人，我们问的问题都是同样的一个——“法是什么？”其中有一对老夫妇和几个年轻人，都指着这尊蒙眼闭目的正义女神像回答我们说：“法，就是公平正义！”普通民众都能有这种对法律的深刻认识，看来，这尊默默无声的正义女神雕像功不可没。

今时今日，正义女神庄严的身影，已远远地越出了罗马城的天空，而不声不响地，遍布了全球130多个国家。

法学链接

古罗马的第一部成文法典，是公元前 450 年公布的《十二铜表法》。当时，这部法典是将许多法律条文镌刻在十二块铜版上，并矗立于罗马市苑的广场中，公之于众。其后，在这部法典的内容基础上，罗马人渐渐发展出了一套“以私法（民法）为核心、以公平正义为原则、以维护个人权利自由为特点”的法律体系——“大陆法系”。50 年后，中国第一部有文字可考的成文法典《法经》亦问世。但由于种种的历史原因，中国的法律，却开始走上了另一条“以公法（刑法）为核心、以不平等法和重刑主义为原则，而以人民百姓承担沉重的封建义务为特点”的发展道路。东西方法律文化的发展轨迹，就是在此时开始分道扬镳，在世界法律史上分别画出了两条方向不同、特色迥异的弧线。

罗马法堪称是许多大陆法系国家民法的鼻祖。尽管罗马法是源于希腊法，但是，由于《十二铜表法》的影响十分广泛，所以，它常常被人们誉为“欧洲法律之母”。

西塞罗的理想：正义宫里的法学家群像

"处于国家领导地位的人应该具有这样的义务感：第一，他们不论做什么，都要符合公民的利益；第二，他们应该维护国家的整体，而不要为维护某一个部分而忽略了其他的部分。"

——古罗马法学家西塞罗：《论义务》

如果说我们中国人是"龙的传人"的话，那么，罗马人，则可说是典型的"狼的传人"。

漫步在罗马这个全球最大的"露天博物馆"里，有一种强烈的感觉涌上了我的心头：从来没有一个民族像罗马人那样地凶残坚毅，但却也从来没有一个民族，会像罗马人那样酷爱法律并取得了那么多的法律成就。

我们现在，就坐在古罗马那座举世闻名的斗兽场的观众席上，品味着这座宏伟壮丽的圆形斗兽场。2000多年前，在这座宏伟的建筑物里，上演的却是全人类有史以来最惨绝人寰的场面——成千上万奴隶角斗士的死亡游戏。今时今日，我们坐在那空荡荡的、可容纳数万人的看台上，看夕阳西下，斗兽场的断壁颓垣浸染在一片金红色的余晖中，你似乎还可以看到当年那一幕幕人与兽、人与人生死搏斗的惨相，还可以听到，那一阵阵风声、鼓声、军号声、猛兽咆哮、观众狂叫声和斯巴达克奴隶角斗士们起义的怒吼声，这一切都在向你倾诉着那一段段惊心动魄而又充满血腥的千古往事……

离斗兽场的南面不远，有一座著名的提图斯凯旋门。凯旋门上的石刻浮雕，用得意洋洋的笔调，刻画着罗马军团攻占耶路撒冷后，对当地犹太人疯狂大屠杀的“丰功伟绩”。这一切的一切，都在极其华美、壮丽的建筑艺术之上，暴露出了古罗马的文明里，那一种令人不安的、残暴的一面。

但在罗马市中心广场的附近，在那幢雄伟的罗马正义宫的大厅里，我们对古罗马文明却又有了另一种完全不同的感受。一走进司法宫的大门，我们就看到了一幅像秦始皇兵马俑般的绝世奇观：只见一尊尊用大理石雕成的法学家群像，庄严肃穆地矗立在大厅的两侧——西塞罗、帕比尼安、乌尔比安、盖尤斯、保罗……凡属罗马法律史上著名的人物，几乎都矗立在这里，一座座雕像均精雕细刻、栩栩如生。试想想，在世界各国，有哪一个国家曾经像罗马人这样尊敬过法学家，这样大规模地为法学家们立像？又有哪一部法典，曾经像罗马人的《查士丁尼法典》那样，对后世的文明产生过如此深刻的影响？想到这一点，我们又不由地觉得，在古罗马的文明里，的确又有理性智慧的光辉一面。

说起来，我个人认为：罗马人对世界文明贡献最大的就是法

马赛克绘画：查士丁尼一世（Giustiniano）和他的随从们，作品位于意大利圣维塔教堂（Ravenna San Vitale）的内部穹顶上。

学。在司法宫大厅里的这些雕像们，一个个，都是对人类法律史作出过巨大贡献的人物。乌尔比安（公元 170~228 年）——古罗马最杰出的法学家之一。他在世界法学史上第一次将法律划分为“公法”和“私法”两大类，这种划分方式，为现代宪法学和公民权利学说提供了一个强大的法理学基础。而帕比尼安（公元 140~212 年）——则被称为古罗马最伟大的法学家。他人格高尚，清正廉明，不畏强权，公正执法，而且，作为罗马帝国最高法院的院长和一名大法官，他的最最过人之处，就在于他审案时，总是能在各种错综复杂的情形中，去寻找出一条“公平正义”的普遍原则来判案。而作为一位法学家，他的一个鲜明特点就是十分注重“以案说法”，即他不仅通过对具体案件的分析、解答来详细阐述法条的含义，而且，他还时时通过对具体的事实剖析去阐明法律的精神，而其议论，又总是非常地深刻和富有哲理。因此，他的思想学说，无论是对当时或是后世的法律界来说，都具有一种极高的权威性。亦是因此，后来，《查士丁尼法典》的《学说引证法》一章，便将其列在群星璀璨的法学家群中的榜首，并规定，在罗马五大法学家意见不一致的时候，最后的裁决要以帕比尼安的意见为准。

帕比尼安，被称为古罗马最伟大的法学家。

但这些法学家里面，最为后世怀念的、对罗马法学的建基起到最重要作用的，我个人的意见，还当数大名鼎鼎的西塞罗。

西塞罗（公元前 106~ 前 43 年），是罗马共和国后期一位著名的辩护律师、执政官和法学家。他学识渊博，文笔优美，被称为古罗马的“第一雄辩家”。他生活的年代，正是罗马的版图急剧扩张、罗马大军席卷欧亚非三大洲、把地中海变作了罗马人的洗澡盆的时代。他一生最重要的成就，就是研究和整理了大量古希腊和古罗马的法律文献，把古希腊的自然法学思想引入罗马，进而设计了古罗马从立法、行政、司法到诉讼、监察的一整套法律制度，从而为罗马法学的成长奠定了一个坚实的基础。

不过，在他所处的那个年代，罗马就像一条在狂风骇浪中高

西塞罗手稿原件。

歌猛进的巨舰。每当有暴风雨来临的时候，船上的那些搭客们，便开始喜欢一个专制独裁的船长，多于喜欢元老院里那群争吵不休的讲民主的水手。于是，罗马的命运，便无可阻挡地注定了要从一个共和国而再次向帝国转化。当西塞罗在罗马元老院里滔滔不绝地鼓吹“法治”，反对“人治”，鼓吹“公民自由”，反对“寡头专制”的时候，他被恺撒派兵赶出了元老院。他的命运，使我想起了中国的孙中山。在维护共和、反对帝制这一高尚的斗争中，与西塞罗站在一起的，似乎只有他自己的影子。但即使这样，他也毫不气馁，在长期的流放生涯中，他又写成了《论共和国》《论法律》等传世名篇。

人无自信，又谁能信之？在我看来，西塞罗与孙中山一样，都是有坚定信念的人。

我们怀着一种崇敬的心情，走近了正义宫里的西塞罗雕像。从雕像上看，他的面容是瘦削的，但他的臂膀却是强而有力的。他的嘴角紧抿，似乎是尝尽了这世上的苦辛，而他的双眼，却似乎能穿透到历史的深处。“共和”的理想、“法治”的希望，他毕生努力维护的那种制度，他毕生为之奋斗的那个信念，他所大声疾呼的这一切，难道在他年近花甲的时候，会命中注定地、无可挽回地——

消逝、一去不返了吗？信念与磨难，在他的脸上留下了深深的痕迹，而孤独、痛苦但不屈的灵魂，则留在他的两片嘴唇和眼睛上。

伟大总是伴随着孤独而产生的。在《论义务》这一传诵千古的名篇里，西塞罗曾语重心长地对当时罗马政坛上所有的高官发出了谆谆的告诫——“处于国家领导地位的人应该具有这样的义务感：第一，他们不论做什么，都要符合公民的利益；第二，他们应该维护国家的整体，而不要为维护某一个部分而忽略了其他的部分。”这个伟大的思想，至今回看，仍足以成为现代世界任何一个国家执政者的座右铭。

公元前43年，权势熏天的恺撒在罗马元老院里遇刺身亡。但恺撒的党徒们却疯狂地向西塞罗报复，西塞罗，这个名重一时的伟大法学家，竟然被那些独裁者们宣布为“不受法律保护的人”。他被剥夺了罗马的公民权，并再一次被迫流亡天涯。不久之后，安东尼派人暗杀了西塞罗，并残暴地割下这位法学家的头颅和双手，把它带回罗马，悬挂在罗马中心广场的西塞罗生前经常发表演说的那座讲坛上。一代英才，就此含恨而终。

在古罗马当年的夜空中，一颗最耀眼的法学巨星湮灭了。但历经2000多年的沧桑变幻，今日意大利，早已废除了君主专制，重新恢复了共和政体。昔日的恺撒、安东尼、渥大维及后世的罗马诸帝乃至墨索里尼等独裁者们，早已成为了万劫不复的粪土，只有西塞罗的共和理想与法治理想，超越了2000年的时空，依然像润物无声的丝丝细雨，飘荡在台伯河的两岸。

位于意大利最高法院建筑外墙上的西塞罗雕塑。

“正义”的定义：雄辩的普利尼

“所谓正义，主要的不是关于实际规则的对或错。人类的正义，是要求同样的事情，按同样的规则来处理，而且，这种规则应能适用于一切人，适合于一切人与生俱来的、自由平等的天性。”

——古罗马法学家关于“正义”的言论综述

在罗马游览时，你心中会时时涌起一种莫名而强烈的感觉，那就是：这城市的文明和野蛮都是同样地惊人。目睹着那一幅幅野蛮与文明紧密交织在一起的图画，万千游客，除了惊叹之外，还是惊叹。

罗马大军对世界烧杀抢掠的后果之一，就是使自己成为世界文明的一个中心。历史这一部难读的大书，在许多时候，就是这么古怪。不过话又说回来，罗马帝国，如果从来都没有获得过世界霸主的统治地位的话，那么，罗马法律——这部人类历史上第一部世界性的法律、一部在法理学和司法实务上都曾给予世界许多深刻影响的法律，其成就、其发展，那就都是不可想象的事了。

漫步在古罗马宽阔的帝国大道上，你可看到，大道两侧，绿树葱茏的山冈上，随着地势的起伏，散落着无数的颓垣败壁和宫殿

绘画：想象的古罗马万神庙和一些石碑遗迹，意大利画家Giovanni Pauolo Panini（1691－1765）创作于1737年。

的遗址。昔日壮丽的罗马广场，如今已化作了一地的乱石残砖，只有从那依然保存得比较完好的元老院、贞烈祠、万神殿、凯旋门等巍峨的古建筑里，从恺撒市苑那一排排千年不倒、至今仍默默无声地屹立在荒草斜阳里的巨大石柱上，你还可以依稀想见帝国当日的辉煌。

我们现在就沿着皮卡托利诺山长长的石阶，经过两座巨大的武士雕像，走向当年的元老院，继续追寻当年罗马法律的故事。

在庄严矗立的元老院里，当年发生过的许多故事中，最广为人知的，说起来，莫过于“恺撒之死”了。遥想 2000 多年前，这恺撒是何等威风。他指挥 10 万大军，南征北战，每到一处，都狂妄地叫嚣：“我来了，我看到了，我征服了。”当他想把罗马共和国变成他个人军事独裁的帝国的时候，这个野心家的死期也就到了。就在公元前 43 年的某日，当这个独裁者如平常一样傲慢地走进元老院的时候，埋伏在那些巨大石柱后面的几十个元老突然围上前去，乱剑齐捅，恺撒于是就像一条狗一样，满身血污地倒在了一根大石柱下。事后验尸的结果，发现他身上总共被人捅了 27 刀。为了找出是谁捅了致命的一刀，罗马医官们详细记录了每一处伤口的形状并核对了每一把凶器，最后，终于找出了主要的“负责人”。这案例，日后无意中却成为世界法医学最古老的源头之一。说起来，恺撒之死，倒也为罗马法学的丰富性作出了一个贡献。

今日元老院内那一排排石柱，就见证了当年惊天动地的那一幕以及罗马法医学的诞生。其实，自古罗马立国以来，上千年的岁月里，元老院都一直是罗马法庭的所在地，是罗马诸多优秀的法学思想和民商法法律制度的发源地。而鲜为人知的是，此地也是全世界最早的律师制度的发源地。漫步在元老院宽阔的遗址里，我忽然想起了一个曾在此地发生过的精彩的律师故事——一个继西塞罗之后又一位大雄辩家普利尼的辩案故事。

绘画：普利尼。

那故事是这样的——

古罗马优秀的辩护律师普利尼，有一次，接到一宗棘手的“反贪案”。

被告人是他的一个朋友，曾任比提利亚的省长，为人极富正义感，为祖国为人民作出的贡献良多。但不幸的是，他曾在他生日那天与友人交换了礼物，而当时罗马的法律，明令禁止官员接受任何礼品。现在，他的政敌们就要利用这一点置他于死地。

在这场卑鄙政客利用法律来进行的政治斗争面前，普利尼为难了。“如果我否认事实，但这事实已尽人皆知；如果我请求法庭宽恕，我就等于承认了我的委托人有罪，就会即刻毁了我的委托人。如果我明知这是违法的行为却还替其辩护，我又会伤害到我作为公民的责任。但如果我不替其辩护，国家将失去一个正直而高尚的官员，而剩下来的，将只会有更多的害人虫和马屁精。”怎么办？左思右想，普利尼决定挺身而出，背水一战。

在元老院法庭上，面对着一片激烈的指责和喧嚣，普利尼慷慨激昂地举出了一则古老的罗马法格言：“正义从未呼唤任何人揭露自己的犯罪！他有权保持沉默。”法庭的喧嚣马上就被镇住了。

然后，普利尼便开始大显身手了。精通法律和法理的他，用来替被告人辩护的两大法宝就是“公平正义”和“恶法非法”。

一般来说，什么是“公平”？这很容易理解。但什么是“正义”？这就并非每一个人都说得清楚了。这个问题，甚至连现代的罗尔斯、庞德等杰出的法学家也未必能用三言两语就解说得明白。自古以来，智慧的希腊人就一直混淆了“正义”与“正确”这两个概念。而古罗马的法学家们则与众不同。他们中的大多数都能够精确、通俗地对“正义”作出法律上的理解——所谓正义，主要的不是关于实际规则的对或错。人类的正义，是要求同样的事情，按同样的规则来处理，而且，这种规则应能适合于一切人，适用于从皇帝到公民到乞丐等一切人与生俱来的本性，例如，对“自由平等”的渴求、对“天理人情”的祈盼、对“人格尊严”的热爱等，这才叫“正义”。

普利尼就是从“正义”和“公平”两个概念讲起。

他滔滔不绝地讲了3个小时，畅论了一番“礼尚往来”的人之常情，是自然的正义、自然的权利，委婉地指出了官员也有私生活的权利，而禁收、禁受、禁止与亲友交换任何礼品的法律，既违反了罗马公民千百年的风俗习惯，也违反了人的自然权利，违反了人情、人性，也就是违反了自然正义的精神。同时，他又一针见血、义正辞严地指出：指控一个官员是否犯有“贪污受贿”罪，主要的依据不能看他有否收受过或与亲友交换过小礼品，而要看他有否利用过职务便利，去为他人或自己谋取过“不法利益”的行为。如果仅凭表面现象而不考虑事情的实质，就草率地定人以罪，那这样的法律就不是公平的法律，就不是“善法”而是“恶法”。而“恶法非法”！如果任由“恶法”泛滥，那么，罗马法律就将一点一滴地失去其“公平正义”性。如果罗马法再无“公平正义”，那么庞大的罗马帝国难道就只能一味地依靠军刀来维持了吗?

听了这一番雄辩滔滔、激情澎湃的陈词,元老院的气氛却是出乎意料地活跃,他的雄辩征服了所有富有正义感的法官。最后,经过6个小时的辩护演说之后,他的朋友终被宣告无罪,从政敌的魔爪下,挽回了一颗宝贵的人头。

据说,当精疲力竭的普利尼走出元老院时,罗马市民用欢呼和鲜花包围了他。法律的正义,又一次得到了胜利。

暮色苍茫之际,我们仍徘徊在元老院的门外。手抚着那些饱阅沧桑的古老石柱,我心中涌起了很多的感慨。此地既是独裁者恺撒的杀身之地,也是全球公民权利的保护神——律师制度的发源地,元老院的大石柱呵,你曾亲睹过多少罗马昔日的野蛮?你又曾见证过多少罗马旧日的荣光?

正如古罗马宏伟的神庙和廊柱成为了后世建筑灵感的来源一样,在罗马元老院中回响过的种种法学伟论,产生过的种种法律制度和法理原则,也成为了现代世界各国法学永不枯竭的灵感宝库。毫无疑问,现代世界五大洲采用大陆法系或者英美法系的许多国家,在其法律的实质乃至法理学的方法上,可以说,都是用古罗马的材料建造的。曾经,我们中国法律界在草拟《物权法》草案时,也都频频地回过头去,请教2000多年前的罗马法和罗马人。罗马法学之伟大,由此可见一斑。

罗马元老院,其实是世界法律史上又一座伟大的丰碑。

法学链接

许多专家认为：尽管罗马法学对人类文明的贡献良多，但对一般的公民而言，罗马法对世界文明的最杰出贡献，主要是它大大超越了古希腊的法律成就，最早在世界上创建出一整套程序完备的专业法庭和专业律师代理诉讼的司法制度。后来世界历史近2000年的事实证明：一个无辜的公民，倘若一旦成为了犯罪嫌疑人的话，那么，他只有委托一位精通法律、又勇于坚持正义的律师做自己的诉讼代理人替自己辩护，才能讨回公道。这一重要的司法概念和制度创建，可以说，正是罗马法学家们留给全人类最宝贵的遗产之一。

耶稣蒙难：改变历史的世纪之审

> “一次不公正裁判的罪恶甚于十次犯罪。
> 因为犯罪污染的只是水流，而枉法裁判污染的却是水源。”
> ——17世纪英国法学家培根语录

当我们回首世界历史的时候，我们可以很清晰地看到：从来没有哪一个国家的兴亡会像罗马帝国的兴亡那样，表现出一种与法律的盛衰如此密切相关的关系。

早在罗马立国初期，罗马的公民们，无论是贵族还是平民，都曾普遍地对公民的权利、对法律的正义怀有一种深深的敬意。这种尊法守法的传统，一直延续了差不多700年。但后来，当罗马从原先的共和国变为帝国，而帝国的疆土又急剧扩张，急剧膨胀后，当大量的金钱财富与奴隶美女滚滚流入罗马后，罗马社会便开始同样急剧地腐败了——不敬神、不守法，只迷恋权力与金钱。社会既已失去了原有的公平观念和法治精神，又先天地缺少一种倡导一个神圣使命的宗教信仰，那么，在一个道德沦丧、物欲横流

绘画：背负十字架的基督耶稣在去往刑场的路上（Christ Falling on Way to Calvary），意大利画家拉斐尔·桑西（1483–1520）创作于1516年。原作收藏于西班牙普拉多美术馆（Museo del Prado）。

的暴富时代里，罗马政府，还有什么东西，可以再像昔日的“法治”那样有效地规范着罗马人、团结着罗马人、领导着罗马及罗马占领下的社会健康成长？

如果没有，那这个表面强盛而内部却不知所谓的庞大帝国，就只有坐着等死。

今时今日，越来越多的历史学家都已开始相信：盛极一时的罗马帝国，其败亡的原因之一，或多或少，都可能是由一桩极端残忍和极其不公平、不正义的审判引起的。

而那场不公正审判的受难者，却有一个在全球妇孺皆知的响亮名字——耶稣。

在这一节里，我们的世界法律之旅又会重返地中海东岸的耶路撒冷。在公元前后，这里曾成为罗马帝国版图的一部分，饱受过罗马铁蹄数百年的蹂躏，而那宗传说中的“审判耶稣”的故事，就像一个巨大而痛苦的烙印，深深地烙刻在这块饱经战火的土地上。

从以色列最大的机场古德里安机场乘车向东南方行驶约 40 分钟之后，我们的眼前，便出现了这座圣城的身影。对于我们来说，耶路撒冷并不陌生，早在寻觅“所罗门的智慧”的时候，我们便已经来过此地。这座世界三大宗教的圣城海拔有 800 多米，远远望去，就像犹地亚山巅之上的一片宫殿。车抵旧城，仰望着古城墙上那一排排箭垛，我们不禁想起了北京、南京和西安的城墙。

从雅法门这条新旧城区之间最重要的通道进入旧城，只见城内狭窄而拥挤的街道上，穿着各式民族服装的行人摩肩接踵。纵横交错的小巷，残旧的店铺住宅，这一切，都令人产生出一种回到了“天方夜谭”时代的感觉。

说起来，“审判耶稣”这宗案子，本来也并不算是一件什么大案子。传说在公元 30 年，在罗马帝国占领时期，有一位自称为“先知”的犹太青年耶稣，带着 12 个门徒来到了耶路撒冷。他们到处演说，宣传一种“上帝是所有民族共同的上帝”的新的犹太教教义。所到之处，这位“救世主”受到热烈的欢迎，信徒的队伍如滚雪球般不断扩大。这件事，终于引起了犹太教的大祭司们——法利赛人的嫉恨，于是，他们决定借罗马人之手，清除掉这颗眼中钉。

在耶城内的锡安山上，一条幽深古朴的深巷中，有一家同样古旧的旅店，据说，这里就是 2000 年前耶稣与他的 12 个门徒在犹太教“逾越节”前夜共进“最后的晚餐”的地方。

在这一间不大而简陋的房间里，点起了两支昏黄的蜡烛，中间的一条长桌上，摆满了烤羊肉、甜饼和几瓶葡萄酒。“逾越节”的起源，是为纪念犹太人的民族英雄摩西带领以色列人越过红海、逃出埃及的故事，在这个纪念日，犹太人家家都要吃一种未经发酵的甜饼（据说逃出埃及时甜饼还未发酵好）。据说当时，耶稣将一块甜饼，平均地分成 12 份，然后逐一地把甜饼放入他 12 个门徒的口中（这在后来便演化成为基督教的“领圣餐”仪式）。但接下来，耶稣却突然用一个悲伤的声音说："你们当中，有一个人，将把我出卖给敌人！"

当时，众门徒吓了一大跳："是谁？是谁？"但谁也没有注意到，一个名叫犹大的门徒此刻在紧捏着自己的钱袋，那里面装着30个银币，那是法利赛人给这个叛徒的赏钱。

当晚，犹大果然给罗马士兵发出了暗号，里应外合，逮捕了耶稣。

我们现在又来到了耶城郊外、橄榄山麓的朱斯马尼教堂。这里据说是当年的罗马总督府所在地，也是传说中耶稣受审判的地方。教堂的中央，有一个大花园和8棵浓绿的橄榄树，不知耶稣当年受审时，是否也曾见过这样美丽的风景？在罗马总督彼拉多将军的座前，一场在后来深刻地改变了历史的世纪之审开始了。

审判一开始，原告方就喋喋不休地向罗马总督控告耶稣的渎神和叛国两大"罪行"，如耶稣自称是"犹太人之王"。耶稣说"上帝是不分种族贵贱，一律给予平等慈爱的和平博爱之神，它是人类真正的救世主"，等等，是公然藐视罗马占领军的权威。但罗马总督彼拉多听了半天，发现这只是一场犹太人内部的宗教教义之争，而根本就找不到半点"叛国、颠覆政府"的罪由。

于是，彼拉多问耶稣："你是犹太人之王吗？""你说得对。"这是耶稣唯一的回答。在此后，无论罗马总督再询问什么，他都一概沉默，拒绝回答。

开句玩笑说，这大概是世界法律史上"沉默权"最早的起源

绘画：基督面对着彼拉多（Christ before Pilate），匈牙利画家Mihaly Munkacsy（1844-1900）创作于1881年。

了吧。

彼拉多真的是很惊讶，因为，很少有被告人能在法庭上抱持这种傲然的态度。最后，他忍耐着不快，宣布了判决："此人所做的事不足以判处死刑。对此人施行十下鞭刑，然后予以释放。"

但台下的法利赛人却大声地起哄，纷纷叫嚣："处死他！用石头砸死他！"罗马总督心中明白，根据罗马帝国的法律，眼前这个人是完全无罪的。但是，这班法利赛人却是罗马占领军在以色列"以犹治犹"的骨干人物。是维护罗马法律的公平正义？还是维护罗马帝国的统治利益？彼拉多沉吟半晌，最后选择了后者。他命令罗马士兵："拿一碗清水来。"然后，在众人的注视下，他郑重地、一点一点地洗净了双手，然后，他再次宣判："对于这个人的流血，我是清白的。你们看着办吧。"

一个千古不闻、荒诞不经和不可思议的法庭判决："你们看着办吧。"

于是，一出悲壮的"耶稣蒙难记"便开始在耶城上演了。耶稣先是被剥光了衣服，施行了一场凶残的鞭打，这是死刑的前奏。然后，遍体鳞伤的耶稣，头上被戴上一顶荆棘编成的皇冠，背上捆绑着一个粗大的十字架，十字架上，用工整的拉丁文和希伯来文写着："这个人叫耶稣。他是犹太人之王。"在 5 名凶恶的罗马士兵的押解下，沿着眼前这条长长的小路——"悲哀之路"（Via Dolorosa），艰难曲折地向各各他高地攀登。一路上，他昏倒过十多次，斑斑血迹，染红了这条几公里长的"苦难路"。黄昏时候，耶稣终于爬到了山顶上，此时，天地死寂，这场悲剧已经到了最后的一幕。

一个巨大的十字架被高高地矗立起来，四根大铁钉被罗马士兵钉进了耶稣的四肢——这是罗马帝国发明的一种最残忍的死刑方式。全身上下血肉模糊的耶稣痛昏了几次，但他始终紧咬牙关，一声不吭，而山上山下，众多围观者却早已是哭声震天。当太阳收尽最后一线余晖时，耶稣挣扎着抬起头来，高声呼唤道："主呵！带走我的灵魂吧！"然后，头一垂，便魂归天国，时年 36 岁。

这时候，一个罗马士兵走上前来，用他的长矛，对着耶稣的肋下猛扎下去，完成了这死刑的最后一个步骤。随着长剑拔出，耶稣的鲜血直涌，染红了耶路撒冷的土地……

一个无罪的人，却被法庭无耻地出卖了并暧昧地宣布为有罪并受尽酷刑，但他却毫无怨言，为真正有罪的人背负起一个沉重的十字架，并用自己的鲜血，来为全人类赎罪。这是一种什么样的哲学？这是一种什么样的宗教？这又是一种何等伟大的胸怀！

这宗千古奇冤，却使耶稣成为全世界的圣人，也成为地中海三岸、欧亚非三大洲万万千千被罗马帝国压迫侮辱的人民共同敬仰的“救世主”。应该再一次指出的是：迄今为止，史学界对历史上是否真有耶稣其人基本持怀疑态度。他们普遍相信，耶稣只是一个在传说中被虚构出来的人物。但无可怀疑的是，正是从这些传说中，才光芒四射地产生出了一个世界性的新宗教——基督教（在拉丁文中，“基督”一词为“救世主”的意思）。400 多年后，那些从世界各地像潮水一样涌来的“蛮族”——例如，匈奴人、斯拉夫人、日耳曼人、汪达尔人等，有许多就是打着基督教的十字架旗号杀入了罗马。此后，古罗马宏伟的建筑被蛮族烧成了一片废墟，而废墟之上，重新崛起的，却是一座座十字架高耸入云的基督教教堂。

可以说，不是耶稣造就了基督教，而是罗马人造就了耶稣！一场不公正的审判，却深刻地改变了世界历史的面貌与进程！这一切，恐怕是当年的罗马总督彼拉多所始料不及的。

公元 312 年，罗马皇帝君士坦丁率军去迎击入侵的日耳曼人，正当罗马军队节节败退、即将全线崩溃的时候，君士坦丁在战场的上空突然看见了一个巨大的十字架，这个十字架后来又幻化成为一柄银光闪闪的宝剑。在这把宝剑光芒的照耀下，罗马军队士气大振，最后终于击退了蛮族，大获全胜。从此之后，君士坦丁就皈依了基督教。次年，他颁布了一道著名的“米兰赦令”，宣布基督教为国教。20年后，当君士坦丁的母亲希拉娜太后巡游耶路撒冷时，却“意外”地发现了耶稣的刑场和墓地，为弥补罗马帝国300年前犯下的重大错误，她便下令在此地建立一座“圣墓教堂”（又称“复活教堂”）来纪念这位伟大的殉道者。但一切都已经太迟了——传说中的耶稣早就已经“复活”，而罗马帝国，却早已经命中注定，风雨飘摇、返魂无术了。

或许是因为这个故事太过悲伤了的缘故吧，今天，世界各地的人民用欢乐的圣诞节来纪念耶稣。每年的12月25日前后，圣诞树、圣诞花、圣诞歌、“圣诞老人”的霓虹灯饰、尖红帽就风靡全球。甚至连我们中国的大小超市、百货商店里，都有许多职员扮成圣诞老人的模样，在商店门前的马路上向过往行人大派礼物。想不到一场不公正的审判，竟然会在2000年来，令圣诞老人的魅力没法挡！

但“不公正的审判”，我们却真心地希望，在这世界上永远不再出现，无论它发生在哪一个国家。

历史知识链接

犹太教与基督教

5000多年前，世界各民族的原始宗教，普遍都是些偶像繁多、功能庞杂的“多神教”。但由于犹太民族发展道路的特殊性（不停地流动、不停地迁徙），客观上，便要求偶像崇拜的“简单化”和功能的“全能化”，因此，犹太教便渐渐地发展为人类最古老的“一神教”，并由此，而渐渐形成了犹太民族独特的文化性格。

犹太教主神的名字叫“耶和华”。从由阿拉伯半岛的原居地向古巴比伦迁徙时开始，到摩西带整族人逃出埃及、在西奈半岛流浪时为止，耶和华的形象和气质，一直都是一位“沙漠里的战神”。但当这个流浪民族终于重返巴勒斯坦定居下来，并建立起一个以农业为主的“以色列国”之后，耶和华的形象，就渐渐地演变为一个能呼风唤雨、请出太阳、挥退洪水的农业神。到所罗门的全盛时期，耶和华更成为一个能赐予财富、能捍卫全体以色列人生命的至高无上的“民族神”。

犹太教的主要经典是《犹太圣经》(《旧约圣经》)。这部《旧约》的最重要篇章是“摩西五经”。它包括有《创世纪》、《出埃及记》、《利未记》、《民数记》和《申命记》五卷，内容是记述了远古人类和犹太民族3000多年的历史和法律、宗教与文学等多方面的重大成就，是犹太民族最古老的一部史记，也是世界古代最伟大的一部百科全书。在“摩西五经”里面，那些大量丰富的法律条文和法律议论，后来被犹太人的大法官（拉比）们摘录了出来，与其他口传的法律规条汇合在一起，汇编成一部《犹太法典》，用来指导犹太民族的精神生活数千年。

犹太教的主要礼仪有“割礼”（男孩子出生后第8天，就必须用石刀割除阴茎的包皮，作为向耶和华立约的标志）、“祈祷”（早、午、晚三次念诵对耶和华的赞美诗）。犹太教的“婚礼”也很独特：婚礼结束时，新郎要把一只酒杯猛力摔破，以表示纪念耶路撒冷圣殿和家园的被毁，和牢记犹太民族被灭国的伤痛。

犹太教的主要节日有“逾越节”(每年3月)，用来纪念犹太民族从埃及“胜利大逃亡”前夜耶和华的“逾越”——散布瘟疫的神越过犹太人居住的家门、只进入埃及人居住的房舍。有“五旬节”(亦称收获节)，要宰杀牛羊向耶和华献祭，又要遗下许多麦穗在田中，让贫民拾取。还有“住棚节”，纪念当年在西奈流浪40年的艰苦岁月，等等。

据传说：公元初，耶稣在犹太教的基础上，发展出一种新的具有世界性影响力的“一神教”——基督教。他消除了犹太教以往狭窄的民族观念和“圣殿中心”观念，把过去仅仅被视为犹太民族守护神的耶和华，改造成一个博爱的神、一个整个世界的创造者和各族人民的保卫者，从此之后，这个以色列的“民族神”，就变成了一个信徒遍天下的“世界神”。而犹太教的圣经(《旧约》)，也被汇编入基督教的《圣经》(新约)里去，合称为《新旧约全书》。由此可见：犹太教的圣经(《旧约》)，是世界一神教的“教义之母”，其基本的思想、教义和法律教条，都深深地影响了后来基督教和伊斯兰教的形成。

伽利略之死：一宗长达300多年的历史冤案

"一个民族有一些关注天空的人，他们才有希望。一个民族只是关心脚底下的事情，那他们是没有未来的。"

——德国法哲学家黑格尔

我们的世界法律之旅，这一站，从那战火纷飞的耶路撒冷，又飞回到了意大利的"时装之都"——米兰。因为，在意大利半岛的北部地区，我们仍有许多需要继续去追寻的法律印迹。

飞机飞过波光粼粼的地中海，飞越过巴尔干半岛连绵的群山，直向着阿尔卑斯山飞去。欧洲的大地上，条条大路在脚底下曲折蜿蜒。看着这些无穷无尽的道路，一段人类的悲伤历史，却不期然地涌上了我的心头。

原来，耶稣死后，犹太人曾举行了一场如火如荼的、长达60多年的对罗马帝国的反抗战争，但那场惊天动地的犹太战争最终失败了。残暴的罗马大军，将60万名犹太战俘骇人听闻地全部钉死在十字架上。沿着巴勒斯坦到欧洲3000多公里长的大路上，每隔10米便钉一个，一直钉到了罗马。以致当时的罗马史书记载此事时，有如此令人战栗的23个字："再也没有树木可以做十字架，再也没有十字架可以钉人……"

隔着机翼下的朵朵浮云，遥望着脚底下那条横贯欧洲的漫长公路，我们不由得感叹，人类在学会和平共处、公平正义地驾驭自身社会的道路上，竟然要流那么多的血。

飞机在米兰的利那提机场上空盘旋下降，在蓝天与大地之间，我们蓦然看到了一座宏伟的教堂尖顶。同机的意大利朋友告诉我们，这就是世界第三大的米兰杜奥莫大教堂，是所有游客必游的地方。但我们此次重返意大利，最首要的目的，却不是来参观这座教堂，而是想去意大利北部的几个历史名城，如比萨、威尼斯和佛罗伦萨等地，去追寻一个中世纪著名的法律故事——"审判伽利略"，因此，一下飞机，我们便马上换乘了一辆大巴，向比萨直奔而去。

伽利略，是意大利古代一名伟大的物理学家和天文学家。400多年前，他曾发明了人类第一具望远镜来观察星空，并依据自己观测到的事实发表了一系列与《圣经》教义严重冲突的言论，而遭到了罗马教会的疯狂迫害。结果，他的科学著作全部被禁被毁，而他本人则被宗教法庭以"异端邪说"的罪名判处了终生监禁。1642年深冬，在伽利略78岁那年，这位贫病交迫的老人，终于在一个风雪交加的寒夜里，在佛罗伦萨郊外的一家小庄园中，孤独地死去。

拂去这些悲哀的往事，我们的大巴迎着清凉的地中海海风往南疾驰。车窗外，是一大片连绵无际的、令人心旷神怡的夏日田野——大片大片金光灿烂的麦田、大片大片在阳光下盛放的向日葵花和一垄一垄如翡翠绿浪直涌至天边的葡萄园。在一丛丛泛着银白色光芒的橄榄树丛中，你还不时会见到一座古老教堂的尖顶，在意大利的蓝天下静静地闪光。当我凝视着眼前这片如诗如画般的欧洲田野风光时，那一页页遥远的中世纪欧洲历史，那一幕幕基督教会统治时期的黑暗往事，便止不住地又泛上了我的心头。

话说公元 476 年，在奴隶起义和“蛮族入侵”的战火怒潮潮水一般涌入罗马城下时，那个曾在世界史上盛极一时的“三洲大帝国”便终于宣告解体。而与西罗马帝国灭亡的同时，古罗马原先那些相当发达的科学、文化成就，便极其不幸地与那些宏伟壮丽的神庙、雕塑一起，被那些尚处于蒙昧阶段的日耳曼人一股脑儿地砸烂、打碎，并沉埋于千年的废墟之下。但罗马帝国的“国教”——基督教的教堂和十字架，却奇迹般地幸存了下来。不仅如此，而且，数百年后，那个小小的梵蒂冈教皇国的“神权”，还渐渐地超越了当时西欧遍地日耳曼小王国的“王权”，并渐渐地，以一种“上帝化身”的权威地位，凌驾于欧洲各国的王权之上。

从那时开始，罗马的教廷，便成为欧洲的权力中心。各地修道院里的神学经典，便成为欧洲所有文化知识的唯一来源。而基督教的基本教义（“三位一体”说、“上帝创世”说和“人类原罪”说），则成为全体欧洲人判别真理、分辨是非及裁定“罪与非罪”

的唯一标准。凡是言行不符合教会规定，或敢于宣扬一些与《圣经》教义不一致的自由思想的人，便会被教会视为一个十恶不赦的“异教徒”，而宣扬“异端邪说”者，亦必定会遭受到教会种种残暴的酷刑。如不肯忏悔，便必定会被“宗教裁判所”处以最最野蛮的“火刑”（把犯人捆绑在木柱上活活烧死）。于是，在中世纪的欧洲，《圣经》便完全取代了《法典》，而“野蛮”则完全排斥了“正义”。

遥想当年，那个由臭名昭著的“宗教裁判所”来审判一位科学家的荒谬故事，毫无疑问，便正是那个“千年黑暗”的历史时期

绘画：伽利略在罗马宗教裁判所面对审判，意大利画家Cristiano Banti（1824-1904）创作于1857年。

里，发生在这个美丽半岛上的一个最令人伤感的法律故事。

沉思中，我们的旅游巴士已徐徐地开到了比萨的古城墙下。

走进那堵爬满青藤的古城墙之内，我们第一眼，便看到了“圣迹广场”上那个举世知名的建筑奇迹——“比萨斜塔”，像一根巨大的白色石柱，斜插在一片宽阔的绿草地上。据导游介绍，这座教堂的钟楼始建于 1174 年。但当塔楼建至三层时，塔基便开始发生沉陷，而塔身就已经出现了明显的偏斜。此后的 176 年里，经

比萨斜塔，斜塔前的建筑是比萨大教堂（Pisa Cathedral）。

无数著名的工匠绞尽脑汁、想尽补救的办法，才总算将此塔勉强建至8层。但现在的巨塔，却仍然以每年1.25毫米的速度向南面倾斜。不过，奇怪的是，尽管现时的塔顶已比原先的中轴线偏斜了4.8米，使此塔看起来摇摇欲坠，但700多年来，此塔却一直是顽强地屹立不倒。因此，当年欧洲这个“最失败的工程”，却无意中，年年岁岁，声名远播，成为一道吸引世界各地无数游客的神奇风景。

而比萨，正是伽利略的故乡。1564年2月15日，他出生于离圣迹广场不远处的一幢三层小楼里，而在“斜塔”之下的那片绿草地上，他也曾度过了十载的快乐童年。

在伽利略出生的那个年代，文艺复兴的浪潮正席卷整个意大利，而各地新兴的城市大学，也恰如雨后春笋般地纷纷涌现出来。但当时，笼罩着整个欧洲思想界和学术界的，却依然还是那些被天主教会奉为神圣的亚里士多德学派和托勒密学派的陈腐学说，而欧洲各大学的自然科学教科书上，依然充斥着许多神学和形而上学的荒诞思想。因此，当伽利略24岁出任比萨大学的天文学教授时，这位从小便热爱科学，毕生矢志追求真理的人，便经常在讲坛上对那些谬误百出的教科书发表尖锐的抨击，这引起了教会和校方对他的严重不满。为了证明自己的见解是正确的，某日，年轻的伽利略，便决定要利用这座比萨斜塔做一项实验，来向“权威”们宣战。

据史载：某日，伽利略手持两个大小不一、轻重不等的铁球，登上了斜塔的塔顶。然后，他向塔下围观的人群高声说道："亚里士多德曾经断言：两个轻重不同的物体自由落下，必定是重的那个先落地。现在，就让我们来验证一下，这种权威的说法是否正确。"接着他双臂平伸，然后，把手一松，转瞬间，"嘭"的一声巨响，那两个铁球虽然轻重不同，但却是丝毫不差地，同时着地！

这一声巨响，惊得所有围观的人目瞪口呆。它无情地粉碎了一个曾经被世人迷信了将近2000年的权威定律，也由此而开始，为世人开启了一道"依靠实验"而不是"依靠书本"去检验一切真理的现代科学发展的大门。从这个意义上说，伽利略，可说是世界近代自然科学的第一个奠基人。

但追求真理，总是要付出代价的。由于冒犯了教会的权威，这次伟大的实验，不仅没有给伽利略的学术声望带来任何的好处，相反，它却成为伽利略一生苦难的开端。从此之后，他被迫离开了比萨大学，而终生在意大利各地流浪。

唏嘘感叹之余，我们在比萨斜塔下流连不去，并在比萨郊外一家晚风中总是飘荡着阵阵洋槐花芳香的酒店里住了一夜。次日下午，我们来到了著名的水城威尼斯。而漫步在圣马可广场的钟楼下时，我又悠悠然地想起了伽利略的另一件更为轰动的往事——

1609年，伽利略制成了世界上第一具可以用来观察星空的天文望远镜。当他将望远镜对准天上的月亮时，他却极其意外地看到了一个令人难以置信的事实：月亮，其实并不如肉眼看来的那样美丽！它的表面，布满了许多凹凹凸凸的疤痕，而毫无生气的荒漠之上，更处处是狰狞的山岭和裂谷。当时，欧洲人普遍相信《圣经》里的创世说：天地万物都是由上帝创造的，而上帝创造的，必定是完美的。但现在，月亮为什么像个丑陋的“大麻子”呢？百思之下，答案可能只有一个，那就是：其实，月亮并不是由上帝创造的。而与此同时，伽利略还观测到了一个令人震惊的天体现象，那就是：我们居住的这个地球，其实并不如《圣经》上所说的那样是整个宇宙的中心。因为，眼前所见的星球，统统都是在围绕着太阳转，就连我们的地球也都是在围绕着太阳转！据说，伽利略曾兴奋地邀请了许多邻居到他家的阁楼上看月亮，并专程跑到思想自由、言论自由的威尼斯城，广邀了威尼斯大公国的议员们到这座圣马可钟楼上用望远镜来观察星空。当所有议员亲眼从望远镜中目睹到那些辽阔壮丽的天体运动之后，威尼斯议院即刻就通过了一项决议——任命伽利略为帕多瓦大学的终身教授。而次年，他在帕多瓦大学写成了《星空信使》一书，书中用科学事实，热烈地支持了哥白尼的“日心说”，强烈否定了《圣经》里的“地心说”。这本书刚一出版，便如同爆发了一场大地震，在顷刻间，便震撼了整个欧洲。

有人说：“哥伦布发现了新大陆，而伽利略则发现了新的宇宙。”此言非虚。不过，伽利略在当时是否知道，他那些伟大的发现，却已使上帝的殿堂，发生了可怕的动摇？我所确知的是：就是从伽利略那具略嫌简陋的望远镜开始，欧洲的自然科学，才鼓足勇气，去挣脱神学的羁绊，开始走上一条突飞猛进的康庄大道。而从他的《星空信使》一书极大地动摇了神学的根基那一刻开始，伽利略这位伟大的科学家，便不言而喻地，成为当时罗马教会眼中的一名千古罪人。

所以，接下来的故事就有点儿悲惨了。

1616年，罗马教皇对伽利略下达了一道严厉的“禁令”，禁止他再出版任何著作，并禁止他以任何形式（口头的或文字的）去传播他的科学发现，并严禁他再以任何形式去支持哥白尼的“日心说”思想。

但伽利略对此禁令却是充耳不闻。因为，他和后世所有的法学家和历史学家们一样，都不知道自己“探索自然的真相”究竟犯了什么罪。但是，大学毕竟是没有办法再待下去的了。此后6年，被教皇砸了饭碗的他隐居在佛罗伦萨的家里，并于贫病交迫中，再继续写成了一本名为《关于托勒密和哥白尼两大世界体系的对话》的天文学巨著。10年之后，这部书终于在言论自由的威尼斯出版了。据说当时教皇乌尔班八世闻讯大为震怒，他除了当即勒令对此书毁版、禁售之外，还在这年的冬天，发出了要年近七旬的伽利略亲身来到罗马的“宗教裁判所”受审的指令。

一场对真理和科学思想的大屠杀、大镇压终于开始了。

当时，身患重病的伽利略，是被人用担架抬去罗马的。

在持续四个月、多达五六次的教会审讯中，伽利略仍坚持着自己毕生求真、求实的科学信仰而不肯悔改。“月亮确实是一个大麻子”，而“地球也确实是围绕着太阳在转动着”。他曾多次对审判席上那些高高在上的红衣大主教们指出：“教会只应该关注那些拯救人类灵魂的事业，而宗教却不应干预科学。”对于伽利略的顽固态度，教皇对审判官们的指示是：“必要时，可以动用酷刑。”

但长期的牢狱生活，早已严重地摧残了伽利略的健康，也摧毁了他的斗志。1633 年 6 月 21 日，在罗马宗教法庭的最后一次审讯会中，在面临着鞭打、断肢、车裂和火刑的威胁之下，这位走投无路的科学天才，终于被迫向教会低下了他高贵的头颅：“我的命运掌握在你们的手中。我错了，听从你们的处置吧。”

次日清晨，在罗马圣多米尼加修道院门前，这位无罪的老人，却被迫穿上了一袭“悔罪者”的白色袍子，并被迫跪在坚硬的石板地上，聆听着教会对他的最后判决——“终生监禁”。不仅如此，教会还同时宣布，将伽利略的所有著作都列为禁书，伽利略本人，则要与自己曾经主张过的所有科学观点都进行“誓绝”，而教会则把伽利略亲笔书写的“悔罪书”，在全意大利的所有大学里公开宣读。表面看来，野蛮的强权，终于取得了一次胜利。

但不久之后，一个极具黑色幽默的故事开始在世界各地广泛流传。这故事说，当伽利略手中的笔颤巍巍地在判决书上签字的时候，他的嘴里，却不停地在喃喃自语：“不管怎么说，地球，始终都还是在转动着……”

这个故事到底有多大的真实性？说句实话，我们今天已确实是无法去考证了。但有一点，我本人倒是坚信不疑的，那就是：不管罗马教廷如何用残酷的手段去扼杀真理，但到最后，“不管怎么说，地球，始终都还是在转动着……”

科学，本来就不是“统治阶级意志”的奴仆。

而法律则更不是。

追寻着伽利略的足迹，我们从威尼斯继续往南行，最后，来到了伽利略的第二故乡——佛罗伦萨。佛罗伦萨这座伟大的历史名城，它既是意大利文艺复兴运动的最早发源地，也是但丁、米开朗基罗和伽利略等思想文化巨匠的最后归宿地。在那座著名的百花圣母大教堂附近，在离但丁故居不远的那座圣十字教堂里，在一片闪烁摇曳的烛光之中，我们在一进大门的显眼位置，找到了伽利略的雕像和石棺——石棺上的他，手中仍然紧握着两个大小不一的铁球和一具单筒望远镜。他深邃的双眼中，似乎仍然闪耀着一种老顽童般的好奇光芒，而两片微动的嘴唇中，似乎还在喃喃自语着那句千古的名言：“不管怎么说，地球，始终都还是在转动着……”

值得欣慰的是，事隔300多年之后，1979年，现代的罗马教会终于为当年的这宗千古奇冤平了反。据说当时，教皇保罗二世在宣读这项决定时，曾引用了当年伽利略的另一句名言：“宗教，不应该干预科学。”

300多年过去了，虽然正义来得迟了点儿，但不管怎样说，在经历了近四个世纪的漫长时光之后，公理却终于战胜了强权。

米兰街头：贝卡利亚的天空

"刑罚的目的既不是要摧残折磨一个感知者，也不是要消除业已犯下的罪行……刑罚的目的仅仅在于：阻止罪犯再重新侵害公民，并规诫其他人不要重蹈覆辙。"

——18世纪意大利法学家贝卡利亚：《论犯罪与刑罚》

离开佛罗伦萨的大卫广场之后，我们在意大利的最后一站，便是返回米兰。我们此次返回米兰的唯一原因，就是要到此地，来寻觅一位中世纪后期的伟大法学家——贝卡利亚。于是，一出停车场，我们便直往米兰的市中心奔去。

贝卡利亚是何许人也？他是一位在全球法学界都极受人尊敬的刑事法学家。他生前曾出版过一本薄薄的小书——《论犯罪与刑罚》，就是因为这本小书，200多年来，他名扬四海。

说起来也有趣，这位伟大的法学家却是一名"不务正业"的人。即使在他发表了那部伟大的法学著作之后，在相当长的时间里，他仍然是一位"无业游民"和一位主要从事经济学研究的人。

切萨雷·贝卡利亚（Cesare Beccaria），1738年生于米兰，20岁时，便获得了帕维亚大学法学士的学位。但是，他真正喜欢的学科却是数学、物理、哲学、诗歌和经济学。由于他的家境富裕，不愁生计，所以，他便可以与米兰一班文学青年们高谈阔论，优游在学术之中。当时，经济学家威利敏锐地观察到，在这个表面懒散的年轻人身上，具有一个独辟蹊径的头脑，所以，他决定把一个重大的课题——“对欧洲中世纪宗教法庭及欧洲各国野蛮愚昧的刑事司法的批判”，这个既高难度又高风险的课题交给贝卡利亚。“这是一个最适合雄辩家和富有想象力的人的题目”，威利说。于是，这个“三年不飞、三年不鸣”的贝卡利亚，终于一飞冲天、一鸣惊人。

米兰街头的贝卡利亚雕塑。

贝卡利亚写的这本小书，全书仅得 6 万言，里面却有 42 个短小精干的小章节，从法律的起源到惩罚的目的，从逮捕、审讯疑犯到如何搜集、证明各类犯罪的证据，直到如何预防犯罪，对当时欧洲各国所有刑事立法和司法制度的各个方面，均作了深刻的批判和精彩的论述。与一般枯燥无味、引人入睡或“啃大酸果”式的法学著作不同，他行文的风格犹如一首首抒情诗，处处洋溢着一种伟大的悲天悯人的人道主义和哲学的激情。许多读过他这本书的人都有一种耳目一新的感觉：呵，原来法律书也可以写得这样通俗和精彩！在书中，贝卡利亚对刑讯逼供和死刑等野蛮司法行为进行了愤怒的声讨，并针对罗马天主教会用神学来取代法律、用神权来践踏人权的荒谬做法进行了批判，在世界法律史上首次提出了“罪刑法定”、“罪刑相应”和“惩罚人道化”三大原则，并提出了一系列诸如“无罪推定”“保障公民的人格尊严”等现代国际通行的刑事司法原则。此书一出，在欧洲马上掀起了一场轩然大波：罗马天主教会把该书视为异端邪说，列举出贝卡利亚的七大罪状，并亦如封杀伽利略的著作那样，通令此书为禁书（此禁令直至 1962 年才解除）。许多权威人士也猛烈抨击贝卡利亚是在“颠覆法律、颠覆国家”。但是，此书初版一万册，三个星期不到便被抢购一空。然后，本书更被翻译成英、法、德、俄、日等 20 多种文字，传遍了欧洲、传遍了世界。1991 年，中文版一出，更被中国许多法律院校当作了法学生们的必读书。

行走在米兰车水马龙的大街上，我们向警察、行人们打听贝卡利亚的故居。出发前，我们只知道他是一个米兰人，生于斯、长于斯、56 岁时因中风而死于斯。而现在，每一个被我们问及的米兰人，脸上的表情，都与我们一样的茫然。

其实这也难怪，在 20 世纪的两次世界大战之中，米兰的许多

贝卡利亚名著《论犯罪与刑罚》（Cesare Beccaria：Dei delitti e delle pene）一书1766年版本插页，执政者提着罪犯的人头，而正义女神认为残酷的刑罚并不是惩治罪犯的好方式，这也正是作者的写作意图。

贝卡利亚名著《论犯罪与刑罚》的扉页。

民居，都曾被炮火夷为了平地，贝卡利亚的故居，也极可能早就在战火中烟消云散了。战后的米兰，迅速重建为一个极繁荣的工商业城市，是意大利仅次于罗马的第二大城市和世界著名的时装之都、歌剧之都。现在，我们就站在著名的斯卡拉歌剧院门前，在那座造型独特的三叉戟街灯柱下，无奈地观看着车来车往和脚步匆匆的行人，并不时地，仰望着米兰蔚蓝色的天空。

但天空不能给我们什么答案，于是，我们便低下头来看地图。从地图上发现，我们站立的地方，正处在米兰市的中心点上。离歌剧院南面不远处，就是米兰最著名的商业中心——艾马努埃尔二世长廊。而穿过长廊，就是那座我们曾经在飞机上见到过的、有 135 个尖顶的杜奥莫大教堂。听说这里面像佛罗伦萨的圣十字教堂一样，有很多名人的坟墓，贝卡利亚是否也会像伽利略那样长眠其中呢？但转了半天，我们依然是一无所获。

出了杜奥莫大教堂，发现沿着那条但丁路往西行10分钟，居然就是那幅世界著名的壁画耶稣最后的晚餐的所在地——圣玛利亚教堂，于是，大家决定无论如何不能错过这个机会去亲眼看一看。在那幢黄色的教堂门外排队等候了40分钟，每人花了13000里拉的门票（约等于人民币52元）进去时，别人都在激动地争论：画中人究竟谁是犹大？而我看着耶稣悲哀的面容，却忽然在想——如果没有当年罗马总督彼拉多那场不公正的审判，那么，耶稣很可能就只会是被人当作一名精神错乱的愤激青年，默默无闻地在拿撒勒的小山村里终老，而不需承受那钉十字架的痛苦，但这世界上便可能没有了基督教、天主教、东正教，也可能没有了圣诞节和复活节，小孩子们可能会失去许多节日的快乐，米兰也就不会有这座教堂，达·芬奇也没有机会施展他的绝世画技，而我们自己，也就不会因此而花掉了13000里拉……

走出圣玛利亚教堂大门的那一刻，我真的很沮丧。米兰的街头，到处弥漫着时尚的衣香鬓影和高雅的艺术气氛，到处都有达·芬奇这个外乡人的雕像、纪念馆和以他名字命名的科学馆，但米兰最值得骄傲的儿子之一——法学家贝卡利亚，却在这片美丽的风光里影踪难寻。

我们把最后一线希望寄托在斯福尔扎古堡——现时的米兰博物馆上。古堡矗立在斯卡拉歌剧院的西北方不远处，周围是一大片绿树葱茏的公园。古堡正门是一座高耸的尖塔，周边有高高的围墙和清清的护城河。古堡内的图书馆里，据说藏有各类图书4万多册、珍贵的手稿1500多份。我们向工作人员说明了我们的来意后，工作人员马上热情地回答：这儿珍藏有贝卡利亚的名著《论犯罪与刑罚》一书的多个版本！我们一听，高兴得几乎跳了起来。几位女工作人员小心翼翼地找出了一本1764年的首版书——那本薄薄的小书，历经200多年的时光，纸质已经有点发黄，封面上既没有署作者的名字，也没有印上出版社的名字，只是赫然印着那个后来惊动了全世界的响亮书名——《论犯罪与刑罚》！

我们真的是大喜过望：这正是当年那家独具慧眼的奥贝尔特（Aubert）出版社寄送给贝卡利亚审阅的第一本样书！睹物思人，贝卡利亚此时仿佛正站在我们的面前。这本书，是18世纪全世界最伟大的一本法学著作，也是古往今来，全人类少有的一本文笔优美、充满对人类热爱的法学著作。看来，米兰人，其实是把对这位最杰出儿子的怀念，一直深深地珍藏在自己的心里。

手捧着这本珍贵的小书，我的心里百感交集。刑讯逼供、践踏公民人格尊严等野蛮行为是司法野蛮、司法落后的标志之一，早在200多年前，贝卡利亚就勇敢地站出来指出了这一点，而整个世界的司法文明也由此而掀起了一股进步的潮流。

离开斯福尔扎古堡时，我再一次抬起头来仰望着米兰的天空，米兰傍晚的天空是一片片绚丽的彩霞。

天空这么美丽，我想，可能是因为，那上面有贝卡利亚的光辉。

法学链接

在世界的远古和中古时代，尤其是在中世纪教会统治的千年黑暗时期，酷刑、刑讯逼供等野蛮行为在各国司法中都盛极一时。只是在贝卡利亚《论犯罪与刑罚》一书出版后，这种现象才得到了逐步的改变。正如贝卡利亚的良师益友威利在他的葬礼悼词中所言："这个人，是第一位敢于指出社会科学重大问题的天才。他以热烈和激昂的哲学，勇敢地为受虐待者的事业辩护……暴政对此惶惶不安，颤抖的人类却传播他的声音。酷刑、残暴在所有诉讼程序中都被废除或减轻，那是这本独一无二的书的功劳。"